나는
알지 못했다

베네수엘라와 쿠바로 이끄신 하나님의 섭리

배가 고프면 깡통을 들었고
구두닦이 통을 들었다.
말 안 되는 영어 하다 박사가 됐그
선교사 빈자리 채우려다 타국에 47년을 살며
교회 개척자, 신학교 설립자가 되었다.
주님은 내 삶으로 그렇게
당신의 뜻을 이루셨다.

목차

추천사 _ 2
    하나님께서 인도하신 필연의 삶 | 정현구 목사 _ 4
    은퇴 없는 하나님의 사역 | 박성근 목사 _ 6
    사도 바울 같은 하나님의 사람 | 최성은 목사 _ 8
    도전과 위로가 될 열정과 담대함 | 조낙현 목사 _ 10
    재미 한인 이민교회의 롤 모델 | 문대연 목사 _ 12
    오직 선교를 위해 헌신한 평생의 삶 | 강승수 목사 _ 15

머리말 _ 16

제1부 나는 알지 못했다 _ 18

제2부 베네수엘라 선교의 발자취 _ 46
    제1장 쿠마나제일침례교회 _ 57
    제2장 가나안침례교회 _ 61
    제3장 쿠마나중앙침례교회 _ 68
    제4장 야나다 예수연합교회 _ 85
    제5장 카이구이레교회 _ 88
    제6장 카리브복음신학원 _ 90
    제7장 GCF 글로벌 아동재단 급식 프로그램 _ 111

목차

제8장 쿠마나 단기선교와 후원 _ 116
베네수엘라 선교를 위한 기도 _ 121

제3부 쿠바 선교의 발자취 _ 122
　제1장 쿠바 이민과 선교 _ 127
　제2장 쿠바 선교의 재정비 _ 142
　제3장 쿠바 선교의 전환 _ 150
　제4장 한국과 쿠바의 관계 _ 166

제4부 에콰도르 선교의 발자취 _ 168
　제1장 에콰도르 침례신학교의 설립 준비 _ 173
　제2장 침례신학교의 탄생 _ 175
　제3장 국제복음신학원 현지화를 위한 제언 _ 178

제5부 50년 선교를 돌아보며 _ 182
　제1장 한인 선교에 대하여 _ 188
　제2장 고려해야 할 선교 이슈 _ 195
　제3장 디아스포라 선교 _ 211

제6부 황혼의 길목에서 _ 218

추 천 사

하나님께서 인도하신 필연의 삶

　　미래는 알 수 없고 누구도 가보지 않은 미지의 땅입니다.
　　우리는 이 땅에서 사람을 만나고 사건들을 경험하면서 걷습니다.
　　시간의 땅에서 경험한 일과 만남들은 삶의 화폭에 찍힌 점들과 같습니다. 따로 떨어진 점들만 보면, 뜻 없는 우연과 같습니다. 그러나 점들을 이어보면 선이 보이고, 그 선 속에서 필연과 하나님의 인도하심이 보입니다.
　정경석 선교사의 삶이 그랬습니다.
　미래는 알 수 없기에 우리는 미래의 땅으로 나가기보다 익숙하고 안정된 현재의 땅에 머물고자 합니다. 그러나 알지 못하는 미래를 믿음으로 나아갔던 아브라함은 하나님이 예비하신 놀라운 은혜를 경험하게 되었습니다.
　정경석 선교사도 익숙한 현재에 머물지 않고 하나님의 부르심을 따라 알지 못하는 미래를 향해 걸었습니다. 그러자 매우 놀라운 일들을 경험하게 되었고, 그 모든 일들은 더 높은 선을 이루기 위해 필요한 것이었음을 알게 되었습니다.
　우리는 자기 비전과 꿈을 붙잡기 위해 달려가거나, 아니면 세상에 의해 끌려 다닙니다. 그런데 바울은 예수님을 만난 후 하나님 나라 비전

추 천 사

에 붙잡혔고, 잡힌바 된 그것을 잡으려고 달려(빌 3:12)가는 삶을 살았습니다. 정경석 선교사도 예수님을 만난 후부터 주님에게 잡힌바 된 복음과 선교의 거룩한 꿈을 잡으려고 달려왔습니다.

정경석 선교사는 나이가 적지 않은 지금도 그것을 향하여 달려가고 있습니다.

분명한 것은 우리 모두 미래를 알 수 없다는 것입니다. 그러나 미래의 땅을 함께 걸으시는 하나님은 알고 계시기에 우리는 그 하나님을 믿고 걸어갈 수 있습니다.

그러면 하나님의 인도하심을 체험할 수 있고, 그 삶이 얼마나 놀랍고 신나는 삶인지를 깨닫게 됩니다. 그리고 그런 삶의 과정을 통해서 우리는 예수님을 닮습니다.

이것이 정경석 선교사가 경험한 믿음이고, 이 책은 그것을 생생하게 보여줍니다

서울 영동교회 담임목사 정현구

추 천 사

은퇴 없는 하나님의 사역

제가 처음 정경석선교사님을 만난 것은 1991년 12월이었습니다.

당시 베네수엘라 카라카스 한인 침례교회에서 목사 안수를 받으실 때 간증도 듣고 쿠마나 지역사역에 대한 비전도 들었습니다. 그때는 베네수엘라 해양연구소에서 일 하시면서, 자비량으로 교회를 개척하시고 선교 사역을 하셨습니다.

미국에서 공부하셔서 학위(Ph. D)도 가지고 계신 분이, 영어와 스페인 말을 완벽하게 구사하시는 분이, 선교를 위해 헌신하신다는 사실이 제겐 참으로 큰 감동으로 다가 왔었습니다.

본인은 정규 선교사가 아니라고 말씀 하시지만, 제가 보기엔 가장 순전한 선교사님이셨습니다.

복음을 사랑하며, 주님 나라 비전을 가슴에 품고 사심 없이 자신의 전 생애를 드린 분이기 때문입니다.

이런 정 선교사님께서 자신의 삶과 사역을 되돌아보며 회고록을 쓰신다니, 너무나 감사합니다.

짧은 회고록이지만 그분 삶의 엑기스가 담겨 있습니다.

힘들었던 어린 시절부터, 대학과 유학을 거쳐 남미까지 오시게 된 여정은 한 편의 드라마입니다. 더구나 베네수엘라에 오셔서 전문인으로

추 천 사

일하시면서 중앙침례교회 등 8개 교회를 개척하셨고, 신학교를 세우셔서 현지인들을 복음으로 양육하신 사역의 여정은 참된 Kingdom Visionary의 Model이라고 생각합니다.

힘든 여건 속에서도 신학교를 운영하시며 졸업생들을 배출하였고, 그들을 안수해서 사역자로 세우신 것은 특별한 믿음과 헌신 없이는 불가능했을 것입니다.

그러나 정 선교사님의 사역은 여기서 멈추지 않고, 은퇴하신 후 쿠바로 가셔서 또 하나의 사역 이정표를 만드셨습니다.

쿠바의 한인 후손들을 찾아 섬기고, 많은 사역팀들을 초청하여 함께 순회하며 사역의 비전을 나누고 있습니다.

하나님의 사역에는 은퇴가 없음을 웅변하시는 듯, 지금도 사역을 위해 매진하고 계시는 모습에 존경을 담아 박수를 보내드립니다. 한번 해병은 영원한 해병이라는데, 한번 주님 위해 드려진 삶, 끝까지 달려가셔서 영광의 면류관을 받으실 줄로 믿습니다.

다시 한 번 회고록 출간을 축하드리며, 이 책이 선교를 꿈꾸는 많은 이들에게 큰 귀감과 도전이 되길 기도합니다.

남가주 새누리 교회 박성근 목사

추 천 사

사도 바울 같은 하나님의 사람

　이 시대에도 사도 바울과 같은 하나님의 사람들이 있을까요?
　저는 감히 하나님께서 이 시대에도 그런 사람들을 일으키신다고 믿습니다. 그런 분 중에 한 분이 바로 정경석 선교사님이라고 말씀드리고 싶습니다. 정경석 선교사님은 한마디로 복음에 미치고, 선교에 미치신 분입니다. 팔십 세를 훌쩍 넘기셨음에도 여전히 쿠바를 드나드시며 능통한 남미어로 쿠바 한인 후손들에게 복음을 전하는 지칠 줄 모르는 사명자이십니다.
　미국에서 목회할 때 여러 차례 정경석 선교사님의 강권으로 단기 팀을 구성해서 베네수엘라를 방문한 적이 있습니다. 그 무렵 강도들에게 총을 맞고도 의식에서 깨어나서 하신 첫마디가 "타코마교회 단기 선교 팀을 받을 준비를 해야 하는데…"였습니다.
　우리 선교팀은 선교사님이 개척한 7개의 교회들을 차례로 방문하면서 선교 사역을 감당할 때, 하나님께서 선교사님 내외분을 통하여 이루신 놀라운 역사들을 목도할 수 있었습니다.
　동시에 베네수엘라 현지 목회자들을 양성하기 위해 신학교를 세우시고 끊임없이 베네수엘라의 다음 세대를 위해 눈물로 호소하시는 노장의 모습을 보며 큰 경험을 했습니다.

추 천 사

　한번은 미주에서 목회하면서 40주년 교회 선교대회를 할 때, 정 선교사님 내외분을 초청했는데, 마침 그때가 선교사님 80회 생신이셨습니다. 깜짝 생신파티를 해드렸는데, 저는 그때 선교사님의 수줍은 눈물을 보았습니다. 난생 처음 하는 생일 파티라고 하셨는데, 그 한마디에 얼마나 복음에 미쳐 살아왔는지를 짐작케 하였습니다. 그러나 선교사님은 이런 모든 일들이 본인이 계획한 일이 아니라고 하십니다. 오직 하나님의 은혜로 구원받고, 하나님의 전적인 인도하심으로 여기까지 왔노라고 고백하십니다.

　그렇습니다. 우리는 우리의 앞길을 알지 못합니다.

　그러나 주님은 아십니다.

　정 선교사님 내외분은 남미의 사도행전 역사를 위해서 하나님께서 일으키신 귀한 분입니다. 일면식도 없는 남미 땅 베네수엘라에서 오직 예수그리스도의 복음을 전하기 위해 헌신하신 정경석 선교사님의 귀한 간증집을 영광된 마음으로 강추 합니다. 이 작은 책에 엄청난 남미의 사도행전의 역사가 들어있습니다.

　하나님께서 한 사람의 인생을 어떻게 사용하시는지 우리를 감동케 합니다. 우리는 누구나 우리의 앞길을 모릅니다. 그러나 하나님은 아십니다.

지구촌 교회 최성은 목사
『산수를 마셔라』, 『온전한 연결』, 『뉴노멀 시대의 그리스도인』의 저자

추 천 사

도전과 위로가 될 열정과 담대함

할렐루야!

존경하는 정경석 선교사님의 회고록 출간을 진심으로 축하드립니다.

인생의 수많은 우여곡절을 겪으시면서도 하나님의 부르심과 인도하심을 따라, 고령의 나이에도 청년처럼 선교 현장을 누비고 다니시는 정 선교사님의 열정과 담대함은 우리 모두에게 감동을 주고 있습니다.

처음부터 선교사로 부르심을 받아 베네수엘라로 가신 것은 아니지만, 마치 갈 바를 알지 못하고 약속의 말씀을 따라갔던 아브라함처럼 하나님의 부르심에 순종하여 교회 개척과 신학 공부와 신학교 사역에 무조건적으로 순종하셨습니다.

그렇게 달려오신 정 선교사님의 삶의 여정을 이렇게 책으로 만날 수 있어 감사드립니다.

단기선교를 갔을 때 때로는 새벽부터 사역 일정을 잡아 놓으셔서 무리한 전도와 강행군에 불평을 하다가도, 선교사님의 지치지 않는 열정과 체력에 오히려 감탄해 마지않았던 시간들이 생각납니다.

오직 하나님만 믿고 맡기는 그런 열정과 담대함이 없었다면 파송교회도 없이 현지인 교회를 개척하고 성장시켜, 그 바탕으로 또 다른 선교와 교회들을 개척할 수는 없었을 것입니다.

추천사

또한 다리에 총을 맞는 사건도 극복하며 카리브복음신학교 사역도 계속할 수 없었을 것입니다. 온전히 하나님만 바라보며 그 많은 수고와 아픔을 견디고 이기신 선교사님에게 힘찬 응원의 박수를 보내드립니다.

그 이면에는 묵묵히 선교사님을 따라 함께 해 오신 사모님의 기도와 순종이 있었다는 것을 잘 알고 있습니다. 정 선교사님이 불같다면 사모님은 물같으셔서 현지인들을 따스하게 만져주시고 단기 선교팀들을 배려해 주셨습니다.

저는 정경석 선교사님의 회고록이 주님의 부르심을 따라 가는 모든 사역자들과 종들에지 도전이 되고 위로가 될 줄로 확신합니다.

미주 남침례회 한인총회 총회장 조낙현 목사

추 천 사

재미 한인 이민교회의 롤 모델

정 박사께서는 우리 민족사의 가난과 전쟁, 재앙 등 고난의 시대를 살아오신 분이십니다.

일제 강점기에 일본에서 출생하여 일본문화에서 한국문화를 거치며 예민한 어린 시절을 지냈을 터이나, 성인으로 성장하기까지 스스로 자존감을 길러 오늘에 이르렀습니다.

6.25 한국 전쟁 중에는 생존을 위해 미국 군인을 상대로 길거리에서 구두를 닦는 힘겨운 삶을 살았으나, 다행히 그때 배운 영어가 해병대 중대장과 미군 통역장교로 두각을 나타내게 해주었습니다.

훗날 알고 보니 정 박사는 내가 55년 전 북가주 산호세 침례교회 개척 당시, 동부에서 선박회사를 운영하면서 서부로 출장 나와 우리 교회를 물심양면으로 도운 고 이동호 집사와 부산수산대학과 진해 해간 후보 해병학교 동창이었습니다.

그러한 인연으로 저와는 더욱 친분이 두터워졌고, 우리는 또한 미국 유학생으로 침례교 사명을 받은 유학생 사역자라는 공통점이 있어서 더욱 친밀하게 지냈습니다.

정 박사의 학문적 달성은 유명한 텍사스 A&M University에서 해양학 박사 학위를 취득한 후, 당시 선두주자 국가였던 남미 베네수엘라 국립대학 주임교수로 등용된 것만 보아도 짐작할 수 있습니다. 정 박사

추 천 사

가 유창한 스페인어로 수백 명의 원주민 대학생 앞에서 강의하는 것을 우연히 참석했다가 보게 된 어떤 분은, 정 박사의 국제화된 학구적 언어의 통달에 깊은 인상을 받았다고 했습니다. 미국 유학 중 독실한 남침례교 교인이던 미국인 양 어머님의 사랑과 큰 영적 영향을 받았던 것은, 어린 시절 어머님을 따라 교회에 열심히 출석했던 신앙적 씨앗이 그분을 만나면서 열매를 맺은 것이라 할 수 있습니다.

정 박사는 베네수엘라 쿠마나에 신학교를 설립해 젊은 청년들에게 성경을 가르치기 시작해 수많은 사명자들을 배출하였고, 베네수엘라 각 지역에 영적 사역자로 자원 파송된 그들은 여러 교회를 개척하며 그 지역에 지대한 영적 지도자로 놀라운 역사를 이루고 있습니다.

정 박사는 안식년을 이용하여 미국 캘리포니아 골든게이트 신학교에서 신학 석사와 목회학 박사학위를 받으신 후에도, 계속하여 남미 카리브 해에 위치한 쿠바를 위주로 여러 나라를 다니며 사역하셨고 지금도 계속하고 계십니다.

이러한 모습은 북미 한인 디아스포라 이민 침례교 학자 교수로, 무엇보다 자비량 자원 선교사로서 존경 받아 마땅하다고 생각합니다.

정 박사를 아는 분이면 누구나 칭찬이 자자한 이유는, 복음의 진정한 전령 대부로 그 용맹과 선교사로서의 추진력과 끈기, 사명감이 대단하기 때문입니다.

추 천 사

  정 박사 부부는 지난 45년간을 베네수엘라에서 살며 자비량 자원으로 현지인 복음전파와 하나님을 향한 인재 양성에 일생을 바쳤습니다.
  정 박사는 오늘도 선교사로서 충성스럽게 그들을 섬기며 주님이 주신 사명감에 불철주야 순종하면서 노년기를 지내고 계십니다. 80세 중반의 고령이 될 때까지 모범적인 영적 선구자로 재미 한인 이민교회의 자랑스러운 롤 모델이 되어, 살아있는 선교의 산증인이 되어주신 박사님을 존경합니다.
  부족한 마음으로 겸허하게 그의 많은 영적 열매와 노고를 높이 우러러보면서 감탄하며 주님께 감사를 드립니다.

미국 댈러스에서 문대연
미주 남침례회 국내선교부 Director로 은퇴

추 천 사

오직 선교를 위해 헌신한 평생의 삶

　　미국 유학을 마친 해양과학자로 좋은 조건의 직장을 찾아 베네수엘라에 도착한 젊은 부부는 대학교수로 꿈과 계획이 있었습니다. 그러나 하나님은 그들을 위해 전혀 다른 계획을 준비하고 계셨습니다.

　　정경석 선교사 부부는 베네수엘라에 도착하여 만났던 한 미국 선교사 부부와 함께 교회를 개척하게 되었고 교수로 일하면서 하나님의 일을 시작했습니다. 하나님은 정 선교사 부부를 통해 여러 교회를 개척하고 놀라운 사역들을 감당하게 하셨습니다. 그들은 현지인처럼 소박한 삶을 살면서 오로지 선교를 위해 모든 것을 헌신하였습니다. 사역 후반에는 쿠바 선교를 위해 헌신하고 지금까지 사역 중이십니다.

　　이 책은 하나님께서 정경석 선교사 내외를 어떻게 변화시키셨고 어떻게 인도하셨으며, 어떻게 사용하셨는지를 기록하고 있습니다.

　　하나님께서 주도하신 선교사님의 이야기를 적극적으로 추천합니다.

　　이 책을 읽으며 하나님의 놀라운 은혜와 섭리를 깨닫고 지금도 우리 가운데서 일하시고 역사하시는 하나님의 손길을 경험하시길 기대합니다.

미주 남침례회 한인교회 총회 총무 강승수 목사

저는 한국 사람이라고는 한분도 없는 낯선 베네수엘라에서 47년을 살며 하나님께 순종하며 복음 전파의 삶을 살았습니다. 그럼에도 제가 제 삶을 '나는 알지 못했다'라고 한 마디로 고백하는 이유는, 성령님은 전혀 예상치 못 한 곳에서 예상치 못 한 때에 예상치 못 한 저 같은 사람을 통해 선교 역사를 이어 가시기 때문입니다. 그것이 바로 하나님께서 예비하신 길이요 섭리였습니다.

저의 베네수엘라와 쿠바와의 인연은 그 오랜 세월만큼 사연도 많고 내용도 방대합니다. 따라서 정리되지 못한 채 가슴에만 묻어두려 했으나, 은혜와 평강교회 장동철 목사님께서 책을 내보자고 적극 권유하시어 용기를 내게 되었습니다.

한인 선교의 미개척지에서 보낸 반세기 시간을 반추하며 정리하는 일은 복잡하고 어려운 일이지만, 선교의 비전을 가진 이들에게 용기를 주고 작은 길잡이라도 되었으면 하는 바람으로 시작하였습니다.

저는 한국에서 1972년 미국으로 유학한 뒤 1977년 베네수엘라로 가게 되었습니다. 일본에서 태어나 7년, 한국에서 26년, 미국에서 5년, 베네수엘라에서 47년, 그 중에 27년간은 쿠바를 왕래하였습니다. 이제 다시 미국으로 돌아와 임시로 정착해 몇 년이 지나고 있으니 참으로 오래 여러 나라에서 타향살이 중입니다. 그 중에도 저의 청장년 전체와 노년의 삶을 뿌리 내렸던 베네수엘라를 제 고향이라고 하는 것도 무리는 아닐 것입니다.

베네수엘라 선교는 준비도 되지 않고 선교 자격도 갖추지 못한 아웃사이더인 제가 변두리에서 시작하며 첫 발을 떼었습니다. 그래서 외로울 사이도 없이 남보다 더 그 사회와 지역에 관심을 갖고 관찰하며 언어를 공부하고, 그들에게 '하나님의 사람'이라는 믿음과 사명을 줄 수 있도록 더욱 열성을 다했습니다.

비록 일생을 건 베네수엘라 사역이 정치적 상황으로 미완성으로 남았고 쿠바 사역도 어려움에 있지만, 언젠가는 우리 부부가 청춘과 기도와 눈물로 뿌린 씨앗이 귀한 열매가 되어 베네수엘라와 쿠바의 담을 넘을 것이라 믿습니다. 나이는 들어가도 그것이

머리말

저희를 선교 결정으로 더욱 벅차게 하는 이유입니다.

제가 선교사의 길을 가도록 문을 활짝 열어주신 문대연 목사님, 1995년 처음으로 선교지를 찾아준 왕남안 목사님, 방학 때마다 학생들을 데리고 찾아준 정수영 집사님, 그리고 의료선교와 사후 봉사로 사역한 최휘웅 장로님과 동영숙 권사 부부, 선교에 헌신한 고석진 목사님, 사역에 기폭제가 되어준 김종대 집사님, 물심양면으로 늘 도와주신 강세흥 장로님, 이동호 안수집사님…

제가 사역을 잘 감당할 수 있도록 그리스도의 마음으로 세상과 이웃 사랑의 본이 되어주신 감사한 분들의 얼굴들이 차례차례 스치고 지나갑니다. 일일이 거론하지는 못하지마는 기도와 물질로 응원해주신 수많은 분들에게 지면을 빌어 감사드립니다.

부모 도움 없이도 잘 자라주고 지금은 물질적 정신적 지원을 아끼지 않는 딸 원아와 아들 석구에게 미안함고· 함께 고마움을 전합니다.

저를 만나 부모님 천국 환송이나 형제자매, 가족 친지 결혼식조차 한 번 참석하지 못했어도 불평 없이 그림자처럼 제 사역을 도와준 아내 한금자에게도 말로 다 할 수 없는 감사를 전합니다. 아내가 없었다면 제 사역도 불가능했을 것입니다.

선교지에서의 사역은 자기중심적인 삶에서 하나님의 음성에 순응하며 타인중심의 삶으로 바뀌는 일일 것입니다. 이 책이 한국과 미국에서 국적, 인종, 지역을 넘어 이웃 사랑을 실천하고자 하는 분들에게 불씨가 되고, 하나님 나라 확장에 작은 기여가 된다면 더 바랄 것이 없겠습니다.

제 일생을 주관해 오신 하나님께 영광을 돌리며 이 책이 나오도록 격려해 주신 정현구, 장동철, 안석환 목사님과 제 사역 보고를 추천해 주신 목사님들, 그리고 방대한 작업을 한 권의 책으로 잘 만들어 주신 「북산책」의 김영란 대표에게 감사를 전합니다.

2024년 5월 30일
미국 로즈빌에서 정경석

내 삶을 주님께 이끌어주신 영적지도자 Viola Kelly 어머님

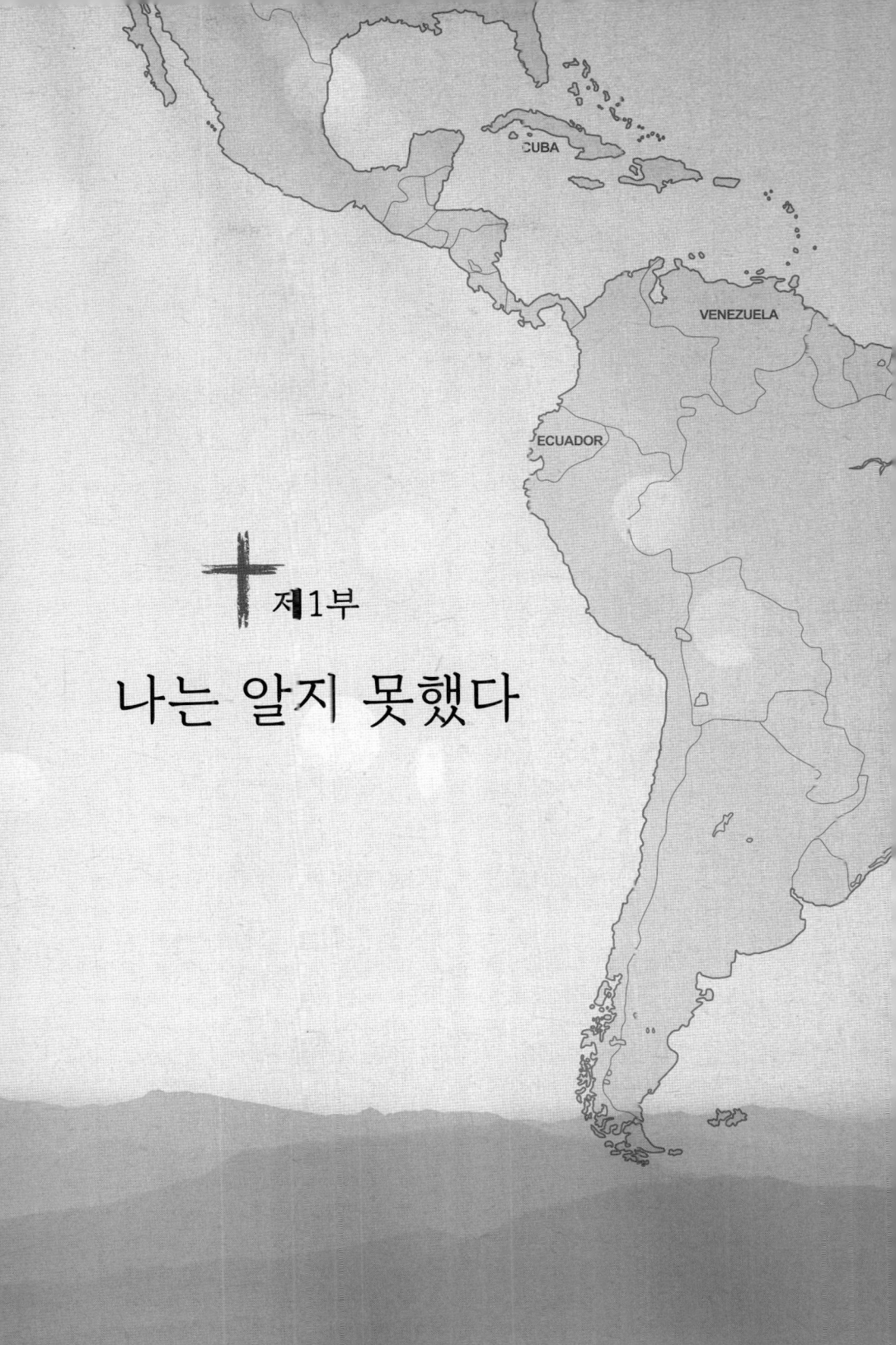

제1부
나는 알지 못했다

제1부

나는 알지 못했다

나는 알지 못했다.
미래를 알고 길을 가는 사람이 과연 있을까?
나의 현재가 미래에 어떤 열매로 나타날지 정확히 알고 길을 가는 사람이 있을까?
나는 전혀 알지 못했다. 나는 그저 내 앞에 놓인 삶에 순종하며 살아왔고 앞으로도 그렇게 살아갈 것이다.

나는 알지 못했다
1972년 6월, 나는 앞으로 내 인생에 펼쳐질 일들이 어떤 것일지 알지 못한 채 Fulbright(풀브라이트) 장학생으로 미국행 비행기에 몸을 실었다. 풀브라이트 장학제도는 미국이 제 3국의 인재들을 양성해 주기 위해 만든 장학 제도였다.
나는 미국에서 박사학위를 마치면 한국으로 돌아가겠다는 계획 속에, 아내와 두

1974년 미국 도착 시 가족

아이를 고국에 남겨둔 채 홀로 미국행 비행기에 올랐다. 딸 원아가 3살, 아들 석구가 2달 때였다. 그로부터 2년 뒤 아내와 아이들 모두 미국으로 들어왔고, 그 후 나는 다시 한국으로 돌아가지 못했다.

나는 알지 못했다.
내 인생 무대가 남미 국가 베네수엘라에서 펼쳐질 줄을.
내가 TEXAS A&M 대학교 박사학위를 마치자 베네수엘라 해양연구소에 나를 초청했다. 당시 베네수엘라의 경제 상태는 전쟁 후 가난에서 벗어나려고 몸부림치던 한국과는 많이 달라서, 세계 최대의 석유 매장 국가로 오일머니로 최고 호황을 누리던 나라였다.
나는 그곳에 딱 2년만 머무른 후 돌아가겠다고 생각했다. 하지만 내 뜻과 달리 내 인생의 대부분을 그곳에서 펼쳤다.
Instituto Oceanográfico de Venezuela(베네수엘라 해양연구소) 연구원으로, 해양연구소 대학원원장으로, 그리고 Universidad de Oriente(오리엔테 대학)의 교수로 말이다.

나는 알지 못했다.
베네수엘라에서 어느 날 찾아온 미국 남침례회 선교사와의 만남이 나를 선교사와 목사의 삶으로 이어지게 할 줄을.
그 선교사님과의 만남을 시작으로 나는 8개 교회를 직접 개척하고, 결국 목회자 양성을 위한 El Seminario Evangélico del Caribe(카리브복음신학교)까지 세우게 됐다. 많은 목사님들과 선교사님들은 자비량 선교사가 홀로 이룬 사역에 놀라워하지만 나는 자랑할게 하나도 없다.
내가 그 일을 하려고 해서 한 것이 아니고, 나는 그런 삶을 계획한 적도 없고 그런 삶을 열망해 본적도 없다. 그런 삶을 살아야 한다고 어디서 배운 적도 없다. 그 모든 것은 내가 의도하지 않게 내 삶에 스며들었고, 나는 단지 내 앞에 놓인 삶에 최선을 다해 살아냈을 뿐이다. 그런데 사람들이 놀라워하는 일들이 일어난 것이다.

나는 알지 못했다.
어느 누가 미래를 알고 가겠는가? 나 또한 미래를 알지 못했다.
조국이 일본의 수탈로 먹고 살기 힘들게 되자 우리 부모님은 먹고 살기 위해 일본으로 가셨고 그곳에서 나를 낳으셨다. 내가 원하지도 않았는데 내 고향은 일본이 되었고, 해방이 되자 부모님은 나와 형제들을 데리고 귀국선에 몸을 실었고 아버지 고향인 진주로 돌아오셨다.
내가 국민학교 5학년이 되던 해에 6.25 한국전쟁이 일어났다. 당시 인민군이 진주까지 내려왔을 때, 아무것도 모르던 나는 인민군 군가를 재미있다며 열심히 따라 불렀다.

나는 알지 못했다
내가 왜 공납금조차 없어 중학교 진학을 포기하고, 신문팔이와 구두닦이를 해야 하는 가정에서 태어났는지를.
가난한 중에도 다행히 국민학교에서 1, 2등을 하던 나는 특별히 산술을 좋아해서 친구들과 선생님은 나를 '산술박사'라며 칭찬해 주었다. 국민학교 졸업 후 당연히 중학교를 진학해야 하는데 부모님은 학비가 없다며 공부는 이제 그만 하라고 하셨다. 그 말에 아쉬웠던 담임선생님은 학비는 어떻게든 마련해볼 테니 포기하지 말라며 용기를 주셨다. 그러나 끼니 때우기조차 힘든 집에서 남의 신세까지 지며 공부를 이어가는 것은 염치없는 일이라 생각한 나는 스스로 학업을 포기했다. 그리고 나도 모르는 사이 작은 형과 함께 신문을 팔고 구두를 닦으러 길로 나서고 있었다.

나는 알지 못했다.

내가 왜 엄마를 따라 교회에 다니기 시작했는지를.

한국전쟁 후 미국은 그들의 구호품을 교회를 통해 사람들에게 나누어 주었다. 어머님은 교회에서 나누어주는 음식과 옷가지들을 받기 위해 교회에 나가셨다. 교회에서 얻어온 음식으로 가족들의 허기를 채우신 어머님은, 그 이후 나를 데리고 매주 교회에 나가셨다.

설교에 관심도 없던 나로서는 목사님의 말씀을 듣는 시간이 곤욕스러울 수밖에 없었다. 그렇게 나의 신앙생활은 시작되었다.

나는 알지 못했다.

내가 왜 부산으로 이사하게 되었는지를.

진주중학교 야간부에 다니던 큰 형이 정종철 진주 시장집 아이들을 가르치며 허드렛일을 하고 있었다. 정 시장이 부산 부시장으로 영전되어 가게 되자 큰 형을 데려갔고 그 후 하야리아 미군부대에 형을 취직시켜 주었다.

그 당시에는 공립학교도 야간부가 있을 때였다. 형은 식구들을 부산으로 불렀고 부산에서의 우리 가족 형편은 진주에서보다는 조금 나아졌다. 덕분에 나는 낮에는 구두를 닦고 저녁에는 야간 중학교를 다닐 수 있게 되었다. 우리 집은 부산항이 내려다보이는 수정동 산등성이에 있는 판자촌이었다.

이른 새벽 전차를 타고 학교가 시작할 때까지 남포동 거리에서 구두를 닦고 저녁이면 문현동 산허리에 위치한 배정중학교에서 야간수업을 들었다. 그 후 수정동 집까지 걸어오면 밤 11시가 넘었고 쪽잠을 자고 새벽이면 다시 나서니 잠이 항상 부족했다. 잠 한 번 실컷 자보는 것이 소원이던 시절로 학교에 가면 조는 것이 일상이었다.

하지만 다행이도 처음 접하는 영어 외에 산술을 포함한 다른 공부는 어렵지 않았고, 영어 공부도 원리를 파악한 후로는 그리 어렵지 않게 되었다. 덕분에 어렵게 3년을 지나 졸업할 때는 수석 졸업을 할 수 있었다.

나는 알지 못했다.
내가 왜 부산 하야리아 미군부대 내 미군호텔 하우스보이(House Boy)가 되어야 했는지를.
미군부대에 들어갔던 형의 도움으로 나는 미군 호텔의 하우스보이가 되었다. 진주에 살 때 먹고 살려고 시작했던 구두닦이가 미군들 사이에서 빛을 보게 되었다.
많은 미군들이 나의 구두닦이 실력을 인정해 주었고 구두를 매개로 비록 콩글리시(Korean English)지만 나는 그들과 영어로 대화하기 시작했다. 실전 영어를 익히기 시작한 것이다.

나는 알지 못했다
내가 왜 수산 대학을 가야 했던 지를.
나는 약방을 차려서 앞가림을 해야겠다는 포부가 있어서 약대를 가고 싶었다.
그러나 선생님은 서울에 있는 대학으로 가도록 종용하셨다. 우리 집 사정으로는 부산을 떠나 서울로 가는 것은 있을 수 없는 일이라고 하자, 선생님은 삼면이 바다로 둘러싸인 조국에서 미래가 희망적인 전공을 할 수 있는 수산대학을 추천하셨다.
또한 교장 선생님이 수산대학 교수님이시라 나는 그 분들의 권면에 등 떠밀리다시피 특차로 수산대학에 들어가게 되었다. 내 뜻대로 되는 일은 없었고 나는 나의 미래를 알지 못했다.

나는 알지 못했다.

내가 왜 대학원까지 진학해야 했는지를.

나는 학교를 졸업하면 수산진흥공사나 수산고등학교에 취직해 밥벌이를 하면서 이제부터는 안정된 생활을 하고 싶었다. 수산대 졸업생은 취업률도 좋았다.

그런데 교수님들이 나를 굳이 대학원에 진학하도록 이끄셨다. 당시 국립대학교 통폐합 정책으로 국립수산대학이 부산대학교 수산대학으로 흡수되었고, 수산대학원은 국립 부산대학교 대학원으로 바뀌었다.

교수님들의 종용에 나는 대학원에 진학하기로 했고 수산대학원에 17명이 응시해 나를 포함해 5명이 합격하였다. 결국 나는 증식학과와 해양생물과의 유일한 대학원생이 되었으며, 유일한 대학원생인지라 교수님들의 모든 뒷일을 도맡아 했다.

먹고 살기 위해 낮에는 부산 해양고등학교에서 아이들을 가르쳤고, 밤에는 학원 강사로도 뛰어 해 내야하는 공부와 함께 몸이 서넛이라도 부족할 것 같은 고달픈 삶이 이어졌다.

나는 알지 못했다.

내가 왜 해병간부 후보 33기로 입대 했는지를.

나는 학보병으로 1년 반의 의무만 마치려 했는데, 학교 선배이며 수산대 해군 예비역 장교훈련단(NROTC)에 근무했던 박 대위가 내게 해병대 장교를 추천했다. 군복무를 월급을 받으며 할 수 있고, 실험실에 앉아있느라 불룩 나온 배도 들어갈 수 있다는 말에 귀가 솔깃해 결국 해간(해병간부) 후보 33기로 입대했다.

12주간 진행되는 기본 훈련이 얼마나 고됐는지 군살이 그때 모두 빠져버렸다. 해병장교 28주 기초훈련 때는 살 빠진 내 모습이 보기 좋다며 군기 부장을 시켜, 훈련생들을 대표해 얼마나 많은 빠따(매)를 맞아야 했는지 모른다.

나는 알지 못했다.
내가 왜 포항 해병사단 1연대 3대대 1소대장으로 가야 했는지.
그 당시 해병대 소대장들은 모두 월남전으로 파병되고 있었는데 나는 파병되는 대원들을 훈련하는 산악중대 소대장이 되었다. 포항에서 그 임무가 끝난 후 나는 지역 교대를 위해 경기도 화성으로 가야 해서, 결국 많은 동기들이 가서 피 흘린 월남의 전쟁터로는 가지 못했다.

나는 알지 못했다.
내가 왜 해병군사 영어반, 육군 화학 무기반, 그리고 특수 무기반 훈련을 받아야 했는지를.
구두닦이를 하면서 기른 실전 영어로 군사 영어반에서 좋은 성적을 받으면서 나는 그곳에서 교관이 되었다. 그리고 김포 여단에서 팀스피리트 한미훈련으로 미 제1군단 연락-통역장교를 거친 뒤, 포항사단 작전 참모실 핵장교로 근무했다. 윗사람은 나에게 군에 남을 것을 제안하며 앞길이 잘 열릴 것을 약속해주었다. 그럼에도 나는 관심이 없었고 당시 해병대는 나를 잡아두려면 얼마든지 그렇게 할 수 있는 힘이 있었다. 월남에서 소대장 전사자가 많이 나오자, 국가는 전역을 앞둔 소대장들의 전역을 미루며 이미 대위로 가진급을 시켜놓고 있었다.
그런데 어느 날 갑자기 코피가 나더니 멈추지 않고 흘러내려 포항 해군병원에 입원하게 됐다. 너무 많은 출혈로 누군가의 부축 없이는 걷기도 힘든 상태가 되자 결국 제대 신청을 했고, 해병대는 그런 나를 붙잡아둘 수는 없었다.

나는 알지 못했다.

끼니를 때우기 위해 들었던 구두 통이 미군부대 하우스 보이로 연결되고, 미군부대에서 익힌 실전 영어가 나를 군사 영어 학교 교관으로 이끌어 줄 것을.

그리고 그 영어가 나를 미 1군단 통역장교를 거쳐 사단 작전 참모실 핵장교로 이어지게 할 것을. 그 영어가 마침내 나를 USIS (United States Information Service) 미 공보원 주선으로 진행되는 풀브라이트 장학생으로 연결시켜줄 것을.

나는 알지 못했다.

내가 원하지도 않았던 수산대학을 들어간 것이 결국 Texas A&M 대학교 수산해양과학 대학원에 입학하게 될 것과, 나를 베네수엘라 해양연구소로 이끌게 될 줄을.

나는 알지 못했다.

그 모든 것을 통해서 내가 영적 어머니 바이올라 켈리(Viola Kelly)여사를 TEXAS A&M 대학교 BAPTIST UNION(침례학생회) 주선으로 만나, 미국 남침례회 교인이 될 것을. 지나온 삶의 모든 조각들이 내 인생의 큰 퍼즐로 연결될 것을 나는 결코 알지 못했다.

베네수엘라를 방문한 영적 어머니(오른쪽)
바이올라 켈리(Viola Kelly)

몬타니타에서 간증하시는 어머니

나는 알지 못했다.

내가 왜 베네수엘라 해양연구소에 갔을 때, 미남침례교 IMB 선교사가 나를 찾아왔는지를.

나는 스페인어를 모국어로 쓰는 베네수엘라에서 영어로 말이 통하는 사람을 만나니 좋았고, 우

미남침례교 선교사 Eugen & Eva Kimler
(유진 & 에바 킴러) 부부

리 가정은 선교사 가정과 교제하기 시작하며 함께 교회를 개척하게 되었다. Los Chaimas(로스 차이마스) 아파트 단지 1층에서 처음으로 예배를 보았고, 그 후 Calle Rojas(로하)가로 옮겼다가 현재 장소인 Avenida Panamericana(아베니다 판아메리카나)로 이사했다. 얼마 후 선교사는 안식년을 위해 미국으로 떠났고 나는 얼떨결에 남겨진 몇몇 베네수엘라 사람들을 돌보는 책임을 맡게 됐다.

성경을 한 번도 제대로 읽어보지도 못한 내가 성경을 가르쳐야 하는 상황이 오자, 나는 무작정 스페인어로 된 어린이 성경을 읽었다. 성경에 대한 이해를 가진 후에는 스페인어 어른 성경을 읽고 또 읽자 희한한 일이 일어났다.

부족한 스페인어로 현지인들을 이끄는데도 교회는 점차 성장해 가는 상상도 못한 일이 일어났다.

나는 알지 못했다.

베네수엘라를 방문한 영적 어머니 바이올라 켈리 여사가 나의 사역에 동참해 교회 건물 구입을 위해 $10,000을 헌금했다. 그 헌금으로 쿠마나제일침례교회 건물이 세워졌고 그것을 시작으로 모두 8개의 교회가 세워지게 될 것을 나는 그때는 알지 못했다.

나는 알지 못했다.

문대연 목사님과의 만남이 나를 한인 침례교 목사님들과의 교제로 이끌게 될 것을.

카라카스 한인교회 윤여각 목사님으로부터 연락이 왔다. 미남침례회 국내선교부를 담당하고 있던

문대연 목사와

문대연 목사님이라는 분이 쿠마나에서 진행되는 선교사역에 대해서 듣고 나를 방문하고 싶다고 했다는 것이다.

지칠 줄 모르는 열정의 문대연 목사님은 1971년 미주 지역의 세 번째 한인침례교회인 산호세 한인침례교회를 개척하고 크게 성장시켰다.

1974년부터 국내선교부 아시안 소수민족 담당자문위원으로서 미주 지역 한인침례교회가 1980년대 초반까지 200개가 넘는 교회로 성장하기까지 수많은 한인침례교회 개척 및 발전에 공헌하셨다. 이를 토대로 1981년 '북미 한인 남침례회 교역자 연합회', 그리고 1982년 미주 남침례회 한인총회의 전신인 '북미 남침례회 한인교회 협의회'가 형성되는데 결정적인 산파 역할을 했다.

이후에도 해외 선교에 앞장서서 남미 선교, 소련 선교, 중국 선교, 북한 선교에 참여해왔고 연변침례신학교 설립을 주도했다. 지칠 줄 모르는 열정으로 80여 차례가 넘는 북한 방문을 통해 북한복음화를 위해 앞장서 총회에서도 큰 귀감이 되신 분이셨다. 그렇게 만나게 된 문 목사님은 나를 미주한인 남침례교회협의회 해외선교부 소속 선교사로 등록할 것을 권했고, 그것이 나를 북미주 한인침례교 목사님들과의 교제로 이끌었다. 그래도 기관으로부터 후원을 받은 것은 아니어서 사역은 여전히 자비량이었고, 필요한 때마다 하나님께서 보내주시는 것으로 사역을 확장해 갔다.

하지만 그 인연으로 기도할 수 있는 동역자 그룹이 확대되었고 그 인연은 나를 시카고 83 세계한인 선교대회로 이끌었다.

교단을 초월해 126명의 해외선교사님들이 모이는 대회에서 침례교 선교사로 초청 받은 것이다. 코네티컷 한인장로교회 조근행 장로님께서 비행기 표를 후원해 주셔서 더욱 힘을 내어 참석하게 되었다.

그곳에서 나는 박근서 해외선교부장과 여러 침례교 목사님들(문대연, 박근서, 이재덕, 둔종성, 고광철, 윤여각)과 좀 더 깊은 교제를 했다. 뿐만 아니라, 많은 타 교단 목사님들과도 교제하게 되었고, 훗날 그분들은 카리브복음신학교 강사로 섬겨 주셨다.

나는 알지 못했다.
베네수엘라 동부 6개 주(Anzoátegui 안소아테기, Sucre 수크레, Monagas 모나가스, Bolivar 볼리바르, Nueva Esparta 누에바 에스팔타)를 담당하는 한국 명예영사로 임명될 줄을.

당시 배가 항구어 정박하면 선박일이 너무 고되었던 한국 선원들이 탈주를 시도하였다.

쿠바는 멕시코 대사관 관할이지만 지리적으로 베네수엘라와 가까워서 만일 선원 탈주자가 쿠바로 건너가 북한으로 들어가서 대남 방송으로 심리전을 펴면, 베네수엘라 대사관의 책임이 크다며 한국 담당자는 특별히 당부하였다. 나는 동부 6개 주를 다니며 주 지사를 방문하고 88 올림픽을 홍보하며 한국서 발간한 책자들을 나누어 주었다.

나는 알지 못했다.
딸 원아와 아들 신구가 전액 장학금으로 MIT를 졸업하게 될 줄을.
2차 오일파동으로 베네수엘라 경제가 휘청거리며 월급이 급격히 감축

되었다. 베네수엘라 화폐로 받는 급료는 동일하지만 달러와 교환 환률이 급격한 인플레이션으로 화폐가치가 폭락하였다. 그러나 딸은 계속 MIT를 고집했는데, 딸은 '하나님께 구한다면, 하나님께서 반드시 길을 여실 것이라는 믿음'을 가지고 있었다.

결국 딸이 옳았다. 하나님은 원아에게 길을 열어 주셨다. MIT에서 생활비까지 지원하는 풀장학생으로 원아를 받아들인 것이다. 아직 미성년자였던 원아는 목에 미성년자라는 표식을 걸고, 미국행 비행기에 홀로 몸을 실었다.

그리고 홀로 MIT에 입학해서 석사 과정까지 마쳤다. Delaware 주 Wilmington 소재 First USA Bank에서 5년 전산실장 그 후 스탠포드에서 MBA 과정까지 마치는 동안, 베네수엘라 대학과 쿠마나 선교에 매인 나는 딸의 대학에 한 번도 방문해 본 적이 없다. 그것을 생각하면 지금도 마음이 아프다.

나는 알지 못했다.

놀기만 하고 돌보지도 못 한 아들이 좋은 학교에 입학하게 될 줄을.

누나의 활약에 아들 석구도 도전을 받았는지, 매일 운동만 하고 놀기만 좋아하던 아들이 자신도 MIT에 가겠다고 했다. 그러더니 갑자기 석구 성적이 평균 B에서 올 A로 나도 선생님들도 믿을 수 없는 성적을 받기 시작했다. 그러자 담임선생님이 통신문으로 우리에게 연락을 했다.

'우리 미션스쿨의 목적은 시험때 컨닝하여 성적을 올리는 것을 원치않으며 아들이 정직한 크리스쳔으로 성장하기 원한다'고. 그러면서 아들에게는 비밀로 하고 서로 관찰하기로 약속하자고 했다.

그러나 아들은 다음학기에도 올 A를 기록하였다. 결국 담임선생님의 클락선 대학의 장학정보와 추천으로 아들도 생활비 포함한 장학금을 받고 Clarkson University Bridging Program(고등학교 4학년 과정과 대학 1년 과정을 함께 배우는 특수과정)을 거쳐 전액 장학생으로 MIT에 들어갔다.

나는 알지 못했다.
하나님께서 베네수엘라 사역을 위해서 미국의 한인교회들을 준비하고 계신 것을.
플로리다 Ocala(으칼라) 심장병원 원장이던 Dr. Peter Chung(정수영) 집사님이 달라스 제일침례교회 민기 집사님을 통하여(현 캐나다 벤쿠버 한인침례교회 담임목사) 쿠마나 중앙침례교회를 방문하고 싶다고 하시더니, 정 집사님이 플로리다 대학교(University of Florida, Gainesville)의 기독학생들을 중심으로 선교팀을 만들어 쿠마나를 방문하셨다. 플로리다 오칼라 심장병원(Florida Ocala Heart Hospital)을 운영하면서 매년 3월 봄학기 중간 방학을 이용해 4년 연속으로 봉사하였다.
미국 젊은이들이 이끄는 스킷과 찬양은 중앙교회 청소년들뿐 아니라 주변의 다른 청소년에게까지 크게 영향을 미쳤고 덕분어 중앙교회 청소년부는 눈에 띄게 성장했다. 청소년들이 이끄는 찬양이 교회에 활력을 불어넣자 성인부도 덩달아 성장하기 시작했다 정 집사님이 이끄는 사역은 4년간 진행되었고, 중앙교회의 기초를 단단히 세우는데 핵심 비타민이 되었다.

나는 알지 못했다.
정수영 집사님의 사역 이후 하나님께서 또 다른 팀을 준비하고 계셨던 것을.
뉴저지초대교회(당시 조영진 담임 목사)의 초희웅 장로님과 동영숙 권사님 부부 팀이 오신 것이다. 그때 나는 한참 쿠바 한인 후손들에 관심을 가지고 그들에 대한 역사적 정보를 얻기 위해 멕시코 유카탄 반도를 방문하기로 하고 그곳으로 가는 비행기를 탔다.

그런데 내 옆자리에 앉은 분이 바로 최희웅 장로님이셨다.

그 인연으로 뉴저지 초대교회 의료 선교팀이 쿠마나중앙교회를 방문하기 시작했다. 플로리다의 정수영 집사님 팀이 청소년 사역에 활력을 불어넣었다면, 최희웅 장로님의 의료 선교팀은 어른들 사역에 활력을 불어넣었다. 지역의 많은 어른들이 의료 선교팀의 도움을 받았고, 쿠마나중앙침례교회가 지역에 선한 영향력을 끼치는 교회로 인정받게 되었다.

나는 알지 못했다.

1979년경 베네수엘라에서의 의무기한 2년이 끝나고 한국으로 가려해도 왜 갈 수 없게 됐는지를.

나는 수산대학이 나를 부교수로 영입하고 인사 신원조회도 마친 상태라 한국으로 돌아가려고 준비를 했다. 배 수리를 위해 한국으로 귀항한다는 Trinidad & Tobago(트리니다드 토바고)에서 사업하는 수산대 동문 조남직 사장에게 책 36상자를 보냈다. 그런데 어찌된 영문인지 그 배는 항해 중 방향을 트리니다드 토바고로 돌렸고 1980년 초 다시 쿠마나로 돌아왔다. 그 뒤 박 대통령 시해사건과 전두환 체제로 이어지면서 나의 한국 귀국은 영구적으로 무산되었다.

나는 알지 못했다.

쿠마나중앙침례교회가 성장할 때 청소년 목사 Douglas Rojas(두글라스 로하)가 곧 떠나게 될줄을.

1996년 6월 베네수엘라 침신대 출신인 두글라스 로하를 청년목사로 영입하였다. 1년이 지나자 그가 중앙교회 목사를 원해서, 1999년 내가 해양연구소에서 은퇴하면 중앙교회 목사로 취임이 가능하다고 했으나 막무가내로 담임목사를 원했다.

나는 알지 못했다.
그 목사가 신도총회에서 자신을 담임목사로 신청한 것을.
결과적으로 그가 중앙교회를 떠나게 될 것을.

나는 알지 못했다-
한인 목사님들의 진정한 의향을.
1999년 은퇴를 목표로 중앙교회 후계자를 물색하였다. 고대권(고광철 선교사 조카, 파나마 선교사 한인 1세), 최 스데반 목사(아르헨티나에서 원주민 사역 1.5세), 김명수 목사(아르헨티나 2세)를 쿠마나로 초청하였으나 모두 실패하며 재정과 시간만 낭비하였다.
실패한 이유는 첫째, 선교목표가 뚜렷하지 않거나, 열정이 없거나 담임목사로 초청하기에는 미숙하였다. 둘째, 그들은 선교지를 미주 이동의 중간역으로 찾거나 셋째, 부인들이 쿠마나 시골에 거주하는 것을 반대하였다.

나는 알지 못했다.
신실한 Reynaldo Edwards(레이날도 에드워드) 목사가 동성애자인 줄을.
1999년부터 2000년 뉴저지 초대교회에서 강력히 추천한 레이날도 에드워드를 중앙교회 목사로 영입하였다. 그는 Jamaica(자마이카) 출신으로 Costa Rica(코스타리카)에 살고 있었다.

그가 1년 후인 2001년 동성애 문제를 일으켜 교회 분열을 조장하고 100명 정도를 데리고 나가 새 교회를 시작했다.

나는 알지 못했다.
그런 목사를 따라 나가는 사람들이 있다는 것을.

나는 알지 못했다.
어찌하여 문제를 일으켰던 에드워드 목사가 다시 쿠마나로 와서 중앙교회를 분열하게 될 줄을.
당시 쿠마나중앙침례교회를 지원하던 최휘웅 장로님이 에드워드 목사 문제로 모든 경제지원을 끊겠다고 하자 에드워드 목사도 사임하였다. 그래서 그 문제는 해결된 것으로 알았지만 엉뚱하게도 한 집사의 원조로 그가 다시 돌아올 줄을.

나는 알지 못했다.
이경원 집사가 에드워드 목사를 개인적으로 지원하여 쿠마나로 보낸 것을.
어떤 영문인가 싶어 물으니 '남미 사역자 치고 남녀 문제나 자질이 모자라지 않는 사람은 없다. 사역 잘 하고 많은 사람 구원하면 된다.' 는 것이 그 목사의 지원 이유였다.
아~~ 본질을 망각하는구나. 초대교회에서도 손 쓸 수 없는 지경이 되었다. 남미 출신이나 한국출신이나 모두 사람 나름인 것을.

나는 알지 못했다.
베네수엘라 쿠마나에 복음주의신학교가 나를 통해 세워지게 될 것을.

교회를 개척하고 분가시키며 나는 현지 지도자들에게 신학교육의 필요성을 느끼게 되었다. 그전에 필요한 게 있다면 내가 먼저 신학을 체계적으로 정립하는 일이었다.

해양학 교수를 은퇴한 2000년 6월 1일 이후 나는 미국 샌프란시스코 근처 Mill Valley(밀벨리)에 있는 골든게이트 신학대 대학원생으로 입학했다. 베네수엘라에 현지 목회자 양성을 위한 신학교를 세우기 위해 대학원을 마치고 바로 박사과정에 들어갔다.

61세라는 늦은 나이에 시작한 공부이기에 더욱 최선을 다했다.

졸업식 때 학교는 나에게 '그 해의 크리스천 지도자 상'을 수여 했다. 나의 선교사역에 감동 받은 미국 교수님들이 졸업생 중에 한 사람에게 수여하는 지도자상을 나에게 주기로 결정했다는 것이다.

나는 알지 못했다.

무작정 비전만으로 시작한 카리브복음신학교가 기적적으로 건물을 구입하고, 구체적인 모습을 갖추게 될 것을.

당시 베네수엘라의 경제 상황은 베네수엘라의 정치 상황과 맞물려 계속해서 몰락하고 있었다. 플로리다 주 마이애미 시 Weston 근처에는 베네수엘라 사람들이 같이 살며 당시 방 3개에 화장실 2개 정도의 아파트가 20만 내지 30만 불 정도에 거래되고 있었다.

미국에서의 은퇴 후 편안한 삶을 생각하며 그곳에 거주하는 최규성 사장에게 연락해 아파트를 물색했다. 그러나 2000년에 $280,000이던 연구소 은퇴비가 2005년에 $50,000로 줄었다. 퇴직금은 현지 화폐로 동일하지만 극심한 인플레이션으로 화폐 가치는 날로 저하되었다. 당시 퇴직금은 대학당국이 홀딩하고 있으면서 만냐나(다음) 지불한다며 미루고 있었다.

따라서 은퇴비로 신학교를 세우겠다는 계획은 물거품이 되었고, 결국 모든 재산을 다 들여 건물을 구입했지만 수리비와 개축비가 없었다.

나는 알지 못했다.
그때 도움의 손길을 내밀 두 사람이 있었다는 것을.
그 두사람은 수산대 선배 강세흥 장로와 동기 이동호 장로였다. 그분들이 각각 2만 불과 5천불을 지원해 나는 마침내 신학교를 개교할 수 있게 되었다.

나는 알지 못했다.
카리브복음신학원 첫 개교식을 그토록 성대하게 치루게 될 것을.
2005년 9월 17일 4성 호텔(Barcelo Hotel)에서 현지 목사님들 100쌍을 초청하여 신학교 개교식을 진행했다.
개교식을 통해 현지 목회자들에게 신학교에 대한 설명회 시간을 가졌고, 함께 말씀을 듣고 기도하는 시간도 가졌다. 경비는 대략 $10,000 정도 들었고 그것은 시애틀연합장로교회(목사 박영희 장로 강세흥)가 도와주었다.

나는 알지 못했다.
방금 태어난 신생 학교를 어떻게 공신력 있는 학교로 키워가야 할지를.
베네수엘라 선교 사역에 관심을 가지고 있던 미주 한인교회침례총회 강승수 해외선교부 총무 목사님이 나의 근황을 물어왔다. 강승수 목사님은 1990년대 전도사 시절 쿠마나를 방문하였고 베네수엘라 교회들의 발전과 성장에 관심이 많았다. 나는 신학교 설립에 대한 계획을 강 목사님과 나눴다.

강 목사님은 그 학교를 미주 한인침례회 해외선교부가 인정하는 학교로 인증하는 작업을 해나갈 것을 제안했다. 나는 학교 설립 계획에 관한 초안을 영문으로 강 목사님에게 전달했다. 그때 나는 너무 오랫동안 한국과 한국 사회를 떠나 살았기 때문에 한국어 글쓰기가 자연스럽지 않았다.

강 목사님과 지나 사모님은 그런 나를 대신해 내가 전한 영어 초안을 바탕으로 한국어 자료를 만들어 주었다. 그리고 그것을 해외선교부 이사회에 제출해 주었다. 이사회는 신학교에 대한 구체적인 비전과 진척 상황을 보고, 2004년 6월 23차 총회에서 학교를 해외선교부가 인정해 주는 학교로 인준해 주었다.

2008년 7월 신학교는 6명의 목회학 석사를 배출해, 4성 호텔 Barcelo를 빌려 100여명의 현지 베네수엘라 목회자들을 초청해 그들과 수련회를 하며 성대한 졸업식을 치렀다. 3명의 목사 안수도 있었다. 졸업식에 소요된 경비의 80%를 미주 한인침례총회 해외선교부에서 지원해 주었고, 선교부 이사로 섬기던 목사님들(서세원, 조낙현, 강승수, 신동호)과 과테말라 박준버 선교사가 참석해 신학교의 첫 졸업을 축하해 주었다.

나는 알지 못했고 상상도 못 해본 꿈같은 시간이었다.

나는 알지 못했다.

승승장구 발전하던 중앙침례교회와 신학교가 어떤 과도기를 거치게 될지를.

은퇴를 앞둔 나는 교회와 신학교를 이어갈 후임자를 찾기 시작했다. 해외선교부에서는 정OO 목사님을 후보로 추천했다. 선교부의 추천이니 얼마나 신중하게 선택했고 공신력 있는 후보를 보냈겠는가? 기대와 다르지 않게 정 목사님은 "인생의 후반부를 주님을 위해 헌신하겠다."고 했다.

그 말이 얼마나 내 마음을 찡하게 했는지, 나는 목사관으로 사용하던 내 아파트를 머물 곳으로 내주고 새 냉장고와 개스레인지도 숙소와 교회 친교실에 들여놓았다. 내 자동차도 쓰게 해주었다.

또한 정 목사를 김두환 집사님의 Empire Moto(엠파이어 모토) 회사 직원으로 초청하고, 동부지역 쿠마나 거주청 담당자로 있던 중앙침례교회 Flor Rivas Brito(프롤 리바스 브리토) 자매가 거주증명서도 만들어 영주권을 받도록 애써 짧은 기간 안에 영주권도 나왔다.

지금도 베네수엘라에서 사역하는 목사님들과 선교사들은 매년 주거허가를 받고있다. 그런데 시간이 지나면서 정 목사가 바라보는 곳과 내가 바라보는 시선이 다르다는 것을 알게 되었다.

나는 신학교 건물이 대학으로 발전하고 중앙교회 안에서 신학교가 함께 발전하기를 바랐지만 목사님 생각은 달랐다.

목사님은 신학교 사역에 큰 비전을 갖지 않은 듯 했다. 또한 선교사역에 바탕이 되었던 재정지원 소스를 달라고 했는데 나에게 재정지원 소스라는 것은 없었다.

모든 것이 자비량이었고, 때를 따라 돕는 손길들에 의해 사역이 확장되어 왔기 때문이다. 사역의 규모를 보고 목사님은 어떤 특별한 재정 소스가 있다고 생각했던 것 같다. 결국 서로의 생각이 많이 다르다는 것을 확인하면서 중앙교회와 신학교 사역은 자연스럽게 분리되고, 목사님은 중앙교회를 중심으로 사역을 해나갔다.

나는 알지 못했다.
하나님은 전지전능 하신 것을.
더욱이 그 시점에 나는 신학교에 침입한 강도들로 부터 허벅지를 관통하는 총상을 입었다. 의사도 내가 과다 출혈로 죽을 것이라고 말했지만,

하나님은 나를 살리셨다. 하나님은 총알의 속도와 방향도 바꿀 수 있는가? 가능하다!

그래서 '전지전능 하시다'고 한다.

그러한 시간 속에서 정 목사님과 나는 중강교회와 신학교 사역을 동행 시키는 노력에서 더욱더 멀어지게 되었다. 결국 교회와 신학교는 완전히 분리되었는데, 돌아보면 나의 불찰도 많다. 처음부터 나의 기대에 대해 자세히 설명했어야 했는데 그러지 못한 나의 탓이다. 하지만 그것은 하나님의 관점에서 복이 되었다.

그 후로 신학교는 철저히 현지화의 길을 걷기 시작했다. 부족하지만 강사진도 현지인으로 채워졌고, 학교 운영도 현지인들에 의해 운영되기 시작했다. 하나님은 처음부터 이것을 원하셨을 것이다. 그리고 당신의 섭리를 우리 속에서 이루신 것이다. 모든 것을 협력하여 당신의 선한 뜻을 이루시는 하나님을 찬양한다.

나는 알지 못했다.

내가 지금 같은 삶을 살게 될 줄을.

교회 마당만 밟던 사람이 베네수엘라에서 교회를 세우고 신학교 설립자가 되었으니 말이다.

나는 내 앞에 놓인 삶을 그냥 살아왔을 뿐이다. 배가 고프면 깡통을 들기도 했고, 구두닦이 통을 들고 거리를 헤맸다. 먹고 살려고 미군들에게 말도 안 되는 영어를 했고, 그렇게 살다보니 해양학 박사가 되었다.

선교사가 떠난 빈자리를 채우기 위해 궁여지책으로 스바냐어 성경을 읽어가며 사역을 감당했을 뿐인데 신학박사가 되었고, 교회 개척자가 되었고, 신학교를 세운 설립자가 되었다. 베네수엘라 동부 5개 주를 담당하는 한국 명예영사가 되었다. 사람들은 내 앞에 드러난 삶을 보며 칭찬을 해주니 기분은 좋다. 그러나 생각해 보면 나는 자랑할 게 하나도 없다. 나는 아는 것이 없었고 단지 열심히 살아왔을 뿐이다.

그러나 전능하신 하나님은 내게 은혜를 베푸셨고, 내가 생각하지 않은 일들을 내 삶에 이루어 가셨다. 마치 퍼즐조각 맞추듯 나를 훈련하시고, 인도하셔서, 당신이 뜻하신 일을 내 삶에서 이루어내셨다.

나는 알지 못했다.
앞으로의 내 선교 인생이 어디까지 이어질 지를.
나는 지금 인생의 황혼기를 보내고 있지만, 내 삶에서 여전히 무엇인가 이루어가는 것은 바로 쿠바 선교이다.

1987년 라틴해양 컨퍼런스로 나는 쿠바와 첫 인연을 맺었다. 그곳에는 거의 130여 년 전 멕시코로 이민을 갔다가, 다시 배를 타고 쿠바로 넘어왔던 한인 후손들이 살고 있었지만 첫 방문에서 나는 그 사실을 알지 못했다.

1997년 수산인과의 인연으로 쿠마나에서 만난 사업가가 나를 다시 쿠바로 초청했고, 그때 700-800여명 정도의 한인 후손들이 쿠바에 살고 있다는 구체적인 정보를 주었다.

내 마음이 움직이기 시작해서, 이들의 고통을 들어주고 복음을 전해야겠다는 생각으로 베네수엘라에서 그들을 만나러 수없이 쿠바를 왕래하며 그들을 만났다. 베네수엘라에서부터 시작한 이 사역은 지금까지 27년째 진행중이다.

나는 알지 못했다.
미주 한인침례총회 해외선교부가 쿠바 한인 후손 선교지를 방문하게 될 줄을.

쿠바와 미국의 관계는 알다시피 호락호락한 사이가 아니다. 그래서 미국인들에게 쿠바 선교는 가능성이 낮았고 미주 한인침례총회 해외선교부의 인식도 그랬다. 그래서 선교지 쿠바를 방문하는 것 조차 꺼렸다.

그러나 나는 계속해서 해외선교부에 쿠바 한인 후손 사역을 소개했고, 그사이 많은 타교단 교회들이 쿠바를 다녀가면서 가시적인 성과도 얻어냈다. 하지만 미주 한인침례교 해외선교부 만큼은 쉽게 움직이지 않았으나 2018년 2월, 마침내 선교부가 쿠바를 방문하기로 결정했다.

시간이 많이 걸리기는 했지만 의미 있는 일이었다. 선교부는 Habana(아바나)와 Matanzas(마탄사스), 그리고 쿠바 아바나 침례신학교와 마탄사스 연합신학교를 돌아보았다. 그러나 동부지역까지 돌아보지는 못해 다음 기회에 그곳까지 돌아볼 것을 약속했다.

선교부의 방문으로 후원이 일어난 것도 아니고 사역이 구체적으로 확장된 것도 아니었으나, 내가 침례교 선교사로서 침례교 선교부가 쿠바 땅을 공식적으로 밟았다는 데 내게는 큰 의미가 있었다.

앞으로 이 발걸음에서 어떤 열매를 거두게 될지 나는 알지 못했고 아무도 모를 일이다. 지금까지 미래를 알지 못하고 걸어왔지만 하나님은 모든 발걸음마다 열매를 맺으셨으니, 그 하나님은 이 발걸음에도 풍성한 열매로 거두실 것을 믿는다.

나는 알지 못했다.

해병대 전우들이 여전히 내 삶의 활력이 될 것을.

해간(해병간부후보) 33기로 맺어진 인연은 철맥회란 이름으로 지금도 이어지고 있다. 몇해 전 태용업 회장이 철맥회를 이끌고 있을 때 방한하여 만나고 함께 국립묘지 월남전 전사자들을 참배했었다.

그때 내가 철맥회 협력금을 전달했는데 내게는 $100만 받고 $500은

돌려주었다. 해외에서 온 나에 대한 배려였다.

지금은 정달옥 회장의 인도로 나도 단체 카톡방에 들어가게 되었다. 그 카톡방에서 나는 옛 전우들의 소식을 듣는다.

동서 대륙의 시차로 밤잠을 설치게 되지만, 그들의 소식이 반갑고 그들과의 대화가 즐겁다. 지난해 송청길 동기가 정달옥 동문회장을 통해 $200의 선교 헌금을 보내왔다.

2021년 3월 3일에는 송정길 동기가 $300의 선교 헌금을 보내왔다. Texas 미국 유학동기인 이석호 박사는 거액인 $1,000을 보내와서 카리브신학교 케이블 TV 설치에 도움을 주었다. 설치비 $2,400 중 반 정도를 지원한 큰 헌금이었다.

정기인 동기의 단전호흡 책 '기'라는 책을 송청길 동기가 보내 주었다. 나는 이론은 모르지만 매일 2시간 정도의 'Tai Chi Xi Gong' 18기 율동 체조와 걷기를 하고 나면 몸이 가뿐해진다. 동문 모두에게 감사할 뿐이다.

그들이 물질을 보내줬기 때문에만 감사한 것은 아니고 나를 생각해주는 그들의 마음에 내 마음이 뜨겁고 감격스러워진다.

해병대와의 인연은 캐나다 토론토에 있는 은혜와 평강교회 장동철 목사와도 이어졌다. 비록 병 857기지만 나를 해병대 선배로 깍듯이 대우해 주고, 지금은 매주 온라인으로 만나 나의 과거사를 토론하고 정리해가는 작업을 함께 해 나가고 있다.

지나온 삶을 돌아보면 하나님께서 내 삶에 두신 것들 가운데 쓸모없던 것은 하나도 없었다. 하나님은 내 삶에서 그 모든 것을 재료로 쓰시며 나를 이끌고 만들어 주셨다.

우리가 무엇을 어떻게 알고 미래를 살겠는가?
사람이 무엇이 위대해서 자기 계획에 의지해서 살아가겠는가?

우리는 단지 우리 앞에 놓인 삶을 살 뿐이다. 하나님의 주권을 인정하면서 말이다. 그분이 내 영혼도 그분께로 온전히 이끌어 주실 것을 나는 확실히 믿는다.

그것이 내 인생을 통틀어 경험한 나의 하나님이시다.

나는 알고 있다.

한번 해병이면 영원한 해병이란 말이 있듯, 한번 하나님의 종이면 영원한 종인 것을.

나는 믿고 있다.

한번 예수님을 구주로 영접하고 입술로 고백하면 하나님께서는 그를 자기 백성으로 칭하시고 천국으로 이끄신다는 것을, 그곳에서 영원히 하나님과 함께 있게 하실 것을.

아멘!

1997년 교육관 증축 후 3층 쿠바나중앙침례 교회

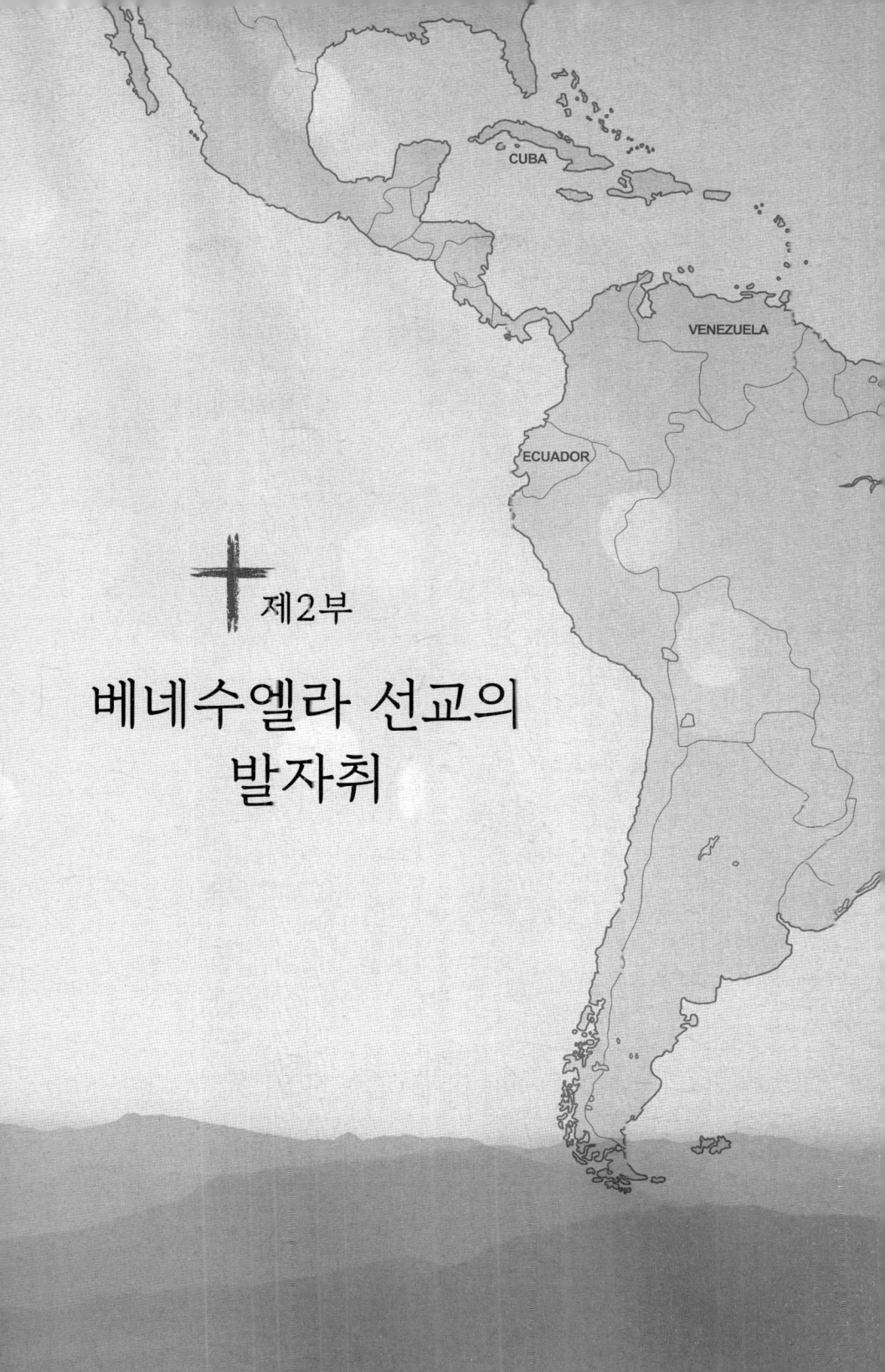

제2부
베네수엘라 선교의 발자취

수 도	카라카스
언 어	에스파냐어
화폐단위	베네수엘라 볼리바르(VEF, Bs)
면 적	9,120만 5천㏊ 세계32위 (2021 국토교통부, FAO 기준)
인 구	2,939만 5,334명 세계52위 (2024 통계청, UN, 대만통계청 기준)
기 후	고지대는 연중 한국의 늦봄~초여름 정도의 기온을 보이지만, 저지대는 전형적인 열대기후를 보이고 있다.
종 교	가톨릭(전 인구의 96%), 개신교 2%, 기타 2%

베네수엘라 볼리바르 공화국
República Bolivariana de Venezuela

베네수엘라는 남아메리카에 있는 나라로 북쪽으로 대서양과 카리브해, 동쪽으로 가이아나, 남쪽으로 브라질, 서쪽으로 콜롬비아와 국경을 접하고 있다. 사회주의를 표명하는 나라로 스페인어가 공용어이고 수도 카라카스는 남미 유수의 세계도시이다.

차베스 대통령이 2013년 사망해 니콜라스 마두로 부통령이 대통령이 되었고 임기는 6년으로 무제한 연임이 가능하다.

베네수엘라는 열대 기후고 6월에서 10월 사이가 우기로 이때를 '겨울'이라 하고 1년 중 나머지 기간은 '여름'이라 한다.

세계 원유 생산국 10위 안에 드는 나라이나 2018년 초 인플레이션 경제 위기는 국가의 존폐 위기까지 가져왔다.

베네수엘라는 미인대회에서 뛰어난 성적을 거두는 나라로 미스 유니버스 7명, 미스 월드 6명, 미스 인터내셔널 7명, 미스 어스 2명이 베네수엘라 출신이다.

2024년 베네수엘라 야당 단일화 후보인 마리아 코리나 마차도와 현 마두로 대통령은 2024년 7월 28일 치를 대선의 야권 후보의 자격을 박탈했다. 자유민주주의 소생을 희망하나 사회주의/공산주의가 계속될 지도 모르는 대선이 될 것이다.

제2부

베네수엘라 선교의 발자취

베네수엘라 정착

1977년 8월 베네수엘라 해양연구소 연구교수로 부임하였다. 그때 그곳에서 그런 생각을 하고 그런 일들이 그렇게 이루진 것들은 모두 하나님 뜻이었다. 베네수엘라의 UDO(Universidad de Oriente)대학은 동부지역 5개 주(Anzoátegui, Monagas, Bolivar, Nueva Esparta, Sucre)에 산재한 대학으로 그 본부(Rectorado)는 수크레주 쿠마나에 위치하였다.

1958년 탄생한 국립대학으로 교수진의 30% 정도가 외국출신에 모두 학사 출신으로 교수들은 외국 특히 라틴 형제국인 콜롬비아, 칠레, 아르헨티나, 그리고 유럽과 동양계 중 영국 식민지였던 인도, 파키스탄, 방글라데시, 네팔과 일본 출신이었다.

나를 초청한 해양연구소는 1977년 당시 양식과 수산자원을 다루는 수산학과, 해양생물자원을 연구하는 해양생물학과 해양지질, 물리, 화학 등 해양천연자원을 연구하는 해양학과가 있었다.

베네수엘라 교수들의 절반 정도가 콜롬비아, 칠레, 아르헨티나, 일본, 한국 등 외국 출신으로, 당시에는 학사도 교수가 됐다.

학교 시스템은 스페인 교육제도를 따라 인문계고등학교는 5년, 실업계는 6년, 대학은 5년이었다. 대학 졸업자는 반드시 논문을 써야 대학을 졸업하는데 보통 6-7년이 걸린다. 특히 자연계학과는 오리지널 논문을 제출해야 하고, 생태계 연구는 1년 정도 재료가 요구되니 더 늦어지기도 한다.

대학 교수진은 임시직 교수와 영구직 교수(테뉴어교수) 두 종류가 있었으며, 계급 조직은 전임강사, 조교수, 아그레가도(Agregado), 부교수, 교수로 되어 있다. 임시직 교수는 2년 봉직 후 영구직 교수를 신청하면 경쟁제도에 따라 임시직 교수의 과목을 담당하도록 교직을 결정한다. 그래서 임시직 교수가 정식 테뉴어 교수가 된다. 외국출신 임시직 교수는 박사학위 소유자로 경쟁자가 거의 없으니 대부분 자동으로 테뉴어 교수가 된다. 대부분 유럽과 미국에서 온 교수들은 2-3년 후 귀국하여 남미 출신이나 동양계 출신 교수들이 남았다.

내가 취임했던 당시 해양연구소장은 일본출신 타이죠 오꾸다로 해양학과에 소속되어 있었다. 어찌하여 '나를 선택하였느냐'고 물었더니 미국에서 공부한 한국출신이지만 한국경제가 좋지 않으니 영구적으로 베네수엘라 해양연구소 연구교수로 예상하고 박사과정을 만드는데 도움이 될 것으로 생각한다고 했다.

그러나 현지사정은 만만치 않았다. UDO 대학에서 새로운 교수출신이 생산되고 있어서 오꾸다 교수가 안식년으로 딸이 거주하는 미국 텍사스로 가고, 후임으로 아마도 아쿠냐 UDO 대학 첫 졸업자가 박사 학위없이 해양연구소장이 되었다. 그는 UW 워싱턴대학 유학생이었기에 그와는 영어 소통이 가능해 개인적으로 친하게 지냈다.

그는 내 이력서를 보더니 정식 테뉴어 교수가 되면 부교수로 임명되고 2년 후에는 정교수로 승진된다고 했다.

1978년 처음으로 브라질 상파울로에 남미 해양학회에 참석을 위해 비자 신청을 하였더니 내일 Mañana(만냐나-마냥 기다리게 하는 나쁜 습관)에 오란다. 한국과는 비자 협정으로 브라질로 들어가는데 아무 지장이 없는 데도 불구하고 다음날 가니 또 만냐나다.

결국 한국대사관의 Nota(대사관 입국 요청서)로 10일 임시비자로 출국하여 상파울로 공항에 도착해 6시간을 기다린 후 이민국 직원의 전화 확인 후 입국하였다.

다음날 상파울로 총영사관에 가서야 알았다.

당시 채명신 장군 대사도 공항에서 여러 시간 통제받았다며, '정 박사 너무 흥분하지 마소'라고 충고했다. 다음 날 상파울로 재래시장에 가보니 한국어로 간판이 나열되어있고 70%정도가 한국 사람들로 모두 장사를 하고 있었다. 순대국밥으로 허기를 채우고 일자리가 있냐고 물어보았다.

"아~ 일거리 찾으세요? 많습니다. 봉급은 한 달에 $1,000 정도고 숙식도 제공하지요."라고 한다. 당시 한국 이민자들은 농업이민이었으나 농업에 종사하는 사람은 없고 거의 상파울로 대도시에서 신발, 의류, 가방 등을 만드는 제조업에 종사하였다.

제조자도 필요하고 판매자도 필요하였다.

그 즈음 우리 가족 4명이 카라카스 대사관에서 한국여권 갱신 신청을 했을 때였다. 시간이 꽤 지났는데도 여권이 나오지 않아 알아보니 본국 승인이 늦어진다고 했다. 쿠마나에 자주 오는 어선 주재원들 대부분이 수산대 동문들이라 그들에게 알아보니 여권 당 $300 정도 추가 수수료, 즉 뇌물을 주어야한다고 해서 깜짝 놀랐다. 그때 그곳은 그랬다. 청와대 동문에게 편지를 보내자 두어 달 후 대사관에서 갱신된 여권을 찾아가라는 연락이 왔었다.

나는 어떻게 브라질 이민이 시작되었는지 알아보았다.

1945년 2차 대전으로 일본이 패망하자 살길이 망망한 일본사람들이 농업이민으로 브라질로 와서 그때도 쌀농사나 과수원 일을 하고 있었다.

브라질 정부는 한국도 그러려니 생각하고 한국 이민을 받았는데 한국 이민자들은 농업에 전혀 경험이 없는 사람들이었다.

당시 상파울로 총영사관은 브라질 정부에 한인 불법체류자들을 합법화시켜주기 위해 한국 교민들에게 신고하도록 하였다. 5천 명 정도가 합법적 체류자였는데 불법체류자 신고자가 5천여 명으로 합법체류자와 거의 같은 숫자였다.

이에 브라질 정부에서 난리가 났다. 브라질 언론이 한국 이민자들을 파고 조사하면서 한국인들이 매도 되었다. 무시하는 언어로 동양인들을 치노(Chinos)라고 하는데 그 후로 한인들은 그곳에서 코치노(Cochinos) 돼지라고 불리며 어글리 코리언(Ugly Koreans)이 되었다.

딸이 중학생이 되기 전 한국으로 귀국을 생각하였지만 한국 정치가 요동을 치는 바람에 포기하였다.

아마도(Amado) 해양연구소 소장이 권면하여 해양연구소 테뉴 교수로 정착하였다. 아~~ 하나님이 날 인도하셨다. 그때 봉급도 인상되어 한국에서는 $500정도였는데 베네수엘라 해양연구소 교수로 $4,000이 되었다. 나는 한국 정치 때문에 돌아가기도 애매하긴 했지만 돈에 팔렸다고 생각하고 체념하였다.

그곳에 정착한 또 다른 이유는 당시 그곳 혜택이 너무도 좋았기 때문이다. 20년 이상 근무한 후 60세가 되면 은퇴가 가능하며 마지막 봉급이 은퇴 후부터 죽을 때까지 나온다. 내가 죽으면 아내가 받고 자식이 대학을 가면 26세까지 받는다. 이 혜택이 챠베스 정권이 들어선 후에도 계속되지만 퍼주기 식 사회주의/공산주의 정책으로 인플레이션이 계속된 후 마두로 현 정권이 들어선 후 공(0) 5개가 사라졌다. 즉 백만 불 1,000,000이 1불이 되었다는 뜻이다.

이런 와중에도 많은 보따리장사들은 횡재를 하여 카라카스 한인들은 밀리어네어가 되었다. 어찌하여?

1997년 말부터 2000년 초까지 한국은 IMF로 경제가 망가져 모든 상품을 반값으로 세일하였다. 베네수엘라는 2중 환율로 일반생활품은 옛날 환율인 4.3 보바르 대 미화 $1이었다. 일반 환율은 1대 8, 1대 10, 1대 12 등으로 계속 올라갔다.

보따리 장사들은 옛날 환율로 수입인가를 받아 한국에서 절반 값으로 사 와서 베네수엘라에서 도매로 반값으로 팔았다. 그러니 수입이 짭짤하여 교민들 중 백만 불짜리 집 소유자가 속출하였다.

내가 골든게이트 신학교에 입학한 2001년 유학생들에게는 학비, 생활비, 항공료까지 1대 4.3 옛날 환율로 달러를 바꾸어주었다. 3년 목회학 석사과정은 골든게이트 학생 아파트에서 생활하니 경제사정이 너무나 좋았다. 목회학 박사과정은 학사과정 중간 Inter-Semester에 열리니 사실은 베네수엘라에서 사역하면서 환전혜택을 받았다. 7년간 환차로 $500,000 이상을 저축하였고 선교와 생활비로 사용하게 되었다. 딸 아들의 선교지원금도 도움이 되었다.

아~~ 모든 것이 꿈만 같고 하나님 은혜로다.

베네수엘라 해양연구소의 오퍼를 수락한 후 우리가족은 5월에 동경에 있는 베네수엘라 대사관과 연락하였다. 그 당시 한국이는 베네수엘라 영사관이나 대사관이 없고 일본 동경에서 한국 영사업무를 관할하였다. 출생을 증명하는 호적 등본과 한국대학 졸업장 확인 등이 필요한데 한 달만에 허가가 나왔다. 기적이었다. 미국에도 우편으로 연락을 해야 하니 많은 시간이 걸릴 것으로 예상하였다. 모든 확인서류를 구비하여 휴스턴에 있는 베네수엘라 영사관에 입국비자 신청을 하니, 외국인의 거주비자는 베네수엘라 본국의 승인사항이라 시간이 걸릴 것이라고 했다. 그런데 한달 후 휴스턴에서 연락이 왔다.

1년 거주비자(Visa de Transeunte)가 나왔다는 것이다. 그래서 8월 1일 베네수엘라로 떠났다. 50여 상자에 책들을 정리하고 25인치 칼라 TV, 냉장고 등 가전제품을 콘테이너로 보내고 온 가족 4명이 함께 베네수엘라로 가기로 결정하였다.

당시 TEXAS A&M 대학 학생기숙사엔 베네수엘라 학부학생 살바도라 부부가 살고 있었다. 내가 베네수엘라 해양연구소 연구원으로 간다니까 장래가 있는 곳이라며 적극적으로 권장하였다. 가능하면 모든 것을 갖고 가라며 그 부부가 짐 챙기는 일을 도와주었다.

카라카스 공항에 내리니 따가운 햇빛이 강하게 내려쬐이는데 텍사스의 무덥고 습기찬 공기에 비해 상당히 쾌적한 느낌이 들었다. 베네수엘라는 습도가 적고 공기가 상당히 드라이 하여 우선 첫 인상이 좋았다.

제1장 쿠마나제일침례교회

1. 쿠마나제일침례교회의 창립

1979년 8월 영적 어머니 켈리 여사가 베네스엘라로 우리를 방문하였다. 자동차로 어머님을 모시고 공업도시 볼리바르로 가서 세계에서 가장 높은 998미터나 되는 엔젤 폭포 근처 카나이마-(Canaima) 휴양지를 방문하였다.

비행기에서는 방문기념증을 주었다. 그 다음하 1980년에는 남미에서 가장 높은 5,505m 산 피코 볼리바르(Pico-Bolivar)를 오르기도 하였다. 1980년 10월 9일 안이숙 사모가 『죽으면 죽으리라』책

출간 간증을 위해 카라카스한인침례교회에 방문하셨다. 그때 그곳에 참석한 나는 큰 은혜를 받았다.

1980년 11월 20일 UDO(오리엔테 대학) 강당에서 쿠마나 제일침례교회의 창립예배가 열렸다. 침례자 수는 12명으로 총 17명의 침례교인이 참석하였다.

영적 어머니가 교회 건물 구입을 위해 $10,000을 헌금한 것을 포함하여 1981년 Avenida Panamericana #152(판다메리카나 152)에 적산가옥을 $14,888에 구입했다. 베네수엘라에서는 누구든 어디서 집을 짓고 10년 이상 오래 살면 그것을 인정하고 권리금도 인정하며 그것을 사고 팔

수 있는데 이것을 Bien Echuria(비엔 에추리아)라고 하며 적산가옥이라고 불렀다. 면적은 가로 12m 세로 40m로 건물은 6mx10m 정도의 크기였다.

2 쿠마나제일침례교회의 성장과 위기

1982년 킴러선교사 부부가 미국으로 안식년을 떠나게 되어, 베네수엘라 침례신학교를 나온 Raul Lavins(라울 라빈스) 목사가 취임하였다. 그는 페루 출신으로 베네수엘라 약사와 결혼해 2명의 자녀를 두었는데 적극적으로 교회 일을 하여 교인수가 40여명으로 늘고 교회가 활기차게 성장했다. 라울 목사의 사모는 Caigüire(카이구이레) 지역에서 약국을 운영하고 있었다. 그때 거기에는 UDO에 다니는 여학생이 판매점원으로 아르바이트를 하고 있었는데 라울목사와 애정문제가 생겼다. 이 여학생이 함께 일하는 동료직원 알베르토 목사에게 고백하기를 자신은 라울을 사랑한다고 했다.

Ramón & Paulita Candurí(라몬 & 파울리타 칸두리) 집사부부는 창립교인으로 신망이 두터운 분인데 예배 후 커튼 뒤에서 키스하는 장면을 아내 파울리타가 직접 현장을 목격했다고 말해 교회가 난리가 났다. 교회 회의에서 불신투표가 통과하였고, 카라카스 총회에서 총무가 올라와 교회를 설득하였지만 2차 투표에서도 불신으로 끝났다.

라울 목사를 지지하던 젊은 UDO 학생 Pablo González & Omaira Flores(파블로 곤살레스 & 오마이라 프롤레스)는 증거를 말하는 파울리타 말에 속상해 분노하며 울기도 하였다. 교회는 이 일로 큰 혼란을 겪었지만 후에 이 둘은 결혼했고 파블로와 오마이라는 남부도시 볼리바르 기독학교 선생으로 취임하였다.

"모든 사람은 결혼을 귀히 여기고 침소를 더럽히지 않게 하라 음행하는 자들과 간음하는 자들을 하나님이 심판하시리라." (히브리서 13:4)

라울 목사가 사임하고 1985년 중반 쿠마나제일침례교회 출신으로 베네수엘라침례신학교 졸업예정자인 Francisco Trillo(프란시스코 트리요)를 임시 목사로 초청하였다. 그해 8월 나는 해양연구소에서 안식년을 맞아 미국에 있는 Texas Marine Laboratory, Port Aransas, Texas(텍사스 대학교 해양연구소)로 가게 되었다.

그 때 딸 원아가 화학 콩쿠르에 입선해 등록금을 면제받고 장학생으로 UT(University of Texas) 오스틴에 위치한 텍사스 주립대학교에 입학 특혜를 받아 어려운 중에도 기쁨을 누릴 수 있었다.

3 쿠마나제일침례교회의 발전

1986년 8월 안식년을 마치고 베네수엘라로 귀국해 제일침례교회에 가보니 프란시스코 목사가 정식목사로 취임 시켜주지 않는다고 사임을 표했다. 자세히 이유를 알아보니 Irapa(이리파) 침례교회 담임목사로 간다고 했다.

나는 Comisión del Púlpito, 'Pulpit Commission' 즉 강대상 회장이 되어 강단 책임자로 설교하였다. 강대상 회장직은 베네수엘라 침례교단이 사용하는 듣어로 평신도 목사를 뜻했다. 당시 신자가 50명 정도였는데 100명 이상으로 성장해 교회를 확장하지 않으면 안 됐다.

성경을 제대로 읽어 보지도 못한 내가 성경을 가르쳐야 하는 상황이 왔다. 무작정 스페인어로 된 어린이 성경을 읽고 또 읽기를 계속 반복하였다. 성경에 대한 이해를 가진 후에는 스페인어 어른 성경을 읽고 또 읽었다. 그런데 참으로 희한한 일이 일어났다. 부족한 스페인어로 현지인들을 이끄는데, 교회는 점차 성장해 갔다. 교회장소가 좁아 앉을 자리가 부족하였다. 완전히 해병 기질과 해병정신으로 건축 허가도 없이 일을 시작하였다. 건물 중간에 있는 벽을 헐고 옆 마당을 예배당으로 사용하도록 조치하고, 양쪽벽을 콩크리트 철근으로 강화한 후 예배당 입구에 화장실도 넣었다.

한국교회에는 목사관과 관리집사 집이 있던 기억이 나서 뒷마당에는 12m×15m 넓이에 방 3개에 목욕실 2개가 있는 목사관도 건축하였다. 나중에 안 일이지만 서구사회나 베네수엘라에서는 목사들이 교회 안이나 가까이 거주하는 것을 꺼린다는 것을 알게 되었다.

제2장 가나안침례교회

1 가나안침례교회의 창립

몬타니타 형제들 Eugenio Carvajal & Dcminga(에우헤니오 & 도밍가 칼바할)가족들고- 이웃사람들이 Flor Maria Ortiz(프롤 마리아 올티스) 자매집 마당 야자수 나무 아래 모이며 예배를 시작하였다.

1987년 후반에는 가나안침례교회 선교지로 확정되었고, 1988년 후반에 비엔에추리아, 적산가옥 헌집을 포함해 대지 500 평방미터를 $3,000불에 구입하였다. 이재덕 목사님이 $1,000을 헌금하여 도움이 되었다.

1988년 경 가나안 침례교인

필자, 바우T 스타, 사모, 올란도 산체스(맨 우측)

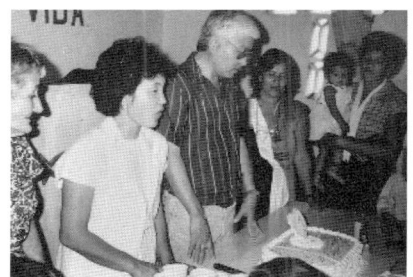
사 신자 결혼 주례 후

침례식 때 투나 생선국을 장만하는 모습

에바 사모에게서 배워 매주 사모는 빵을 굽고 과자를 만들어 갔다. 새 신자 결혼식도 해주었는데 그때는 3층짜리 케익도 만들어 갔다.

침례식때는 수산대학 동문들에게 부탁하여 투나로 산꼬초=생선국을 만들어 포식하거나 정어리 상자를 갖고와 구워먹었다. 아들 석구와 딸 원아가 주말이면 선교에 동참하였다. 당시 아이들은 선교사들 자녀를 위한 초등학교를 다니고 있었는데 딸 원아가 5학년이고 아들 석구가 2학년이었다.

야자수 나무 아래서 시작한 사역은 열매를 맺어 1990년 11월 18일 독립교회로 성장하였고 그 교회를 1991년 3월 24일 올란도 산체스에게 인계하였다. 충분한 재정을 남기고 떠났으니 소신껏 자유스럽게 사역하도록 권장하였다.

1990년 11월 18일 가나안침례교회를 조직하였다. 침례교회는 선교와 전도 활동 후 독립교회로 운영 가능할 때 모 교회에서 독립하여 독립교회로 개척하였다. 한국교회는 처음 시작한 날짜를 개척한 날로 기념한다.

2 한국 명예영사로 임명

1987년 8월 나는 베네수엘라 한국 명예영사로 임명받았다. 베네수엘라의 Anzoátegui, Nueva Esparta, Bolivar, Monagas, Sucre 이렇게 5개 주를 관할하는 영사였다.

주 임무는 한국홍보와 어선 탈선자 보호로 쿠바를 거쳐 북한으로 가는 것을 봉쇄하는 일이었다. 당시 베네수엘라의 동부 항구도시인 Carúpano(카루파노) Cumaná(쿠마나) Irapa(이라파)에는 한국에서 온 선원들이 어선에서 탈선하는 일이 많았다. 이 선원들이 가까운 나라 쿠바를 통해 월북을 하면 정치적으로 큰 문제였다. 내가 하는 일은 탈선

명예 영사 임명식(왼쪽에서 2번째 필자, 3번째 조 대사, 4번째 수크레 주지사)

어부들을 관리하고 88년 올림픽 홍보가 주목적이었다. 나는 명예영사로 10년간 봉사하였다.

당시 외국선박이 생선 투나(참치)를 베네수엘라 항구에 하역하면 국제개스오일 값을 국제개스오일 값의 25%로, 75%나 할인해주었다. 많은 한국 투나어선이 베네수엘라 동부지역 항구, 특히 쿠마나와 이라파, 카루파노 항에 많이 기항하였다.

하지만 선박일이 너무 고되어 많은 한국선원이 탈주하는 일이 잦았다. 점심 식사 후 그물을 정리하며 미끼(이깝)인 작은 정어리나 전어를 끼우고 오후에는 그물을 바다에 넣는 투망일을 했다. 그러면 밤 12시경인데 그때부터 잠시 눈을 붙이는가 하면, 새벽부터 그물을 들어올리고 잡아올린 생선의 배를 가르고 내장을 정리한 후 선도를 유지해야 사시미-횟감으로 좋은 가격에 팔리기에 급냉실에 보관한다. 아침식사 후 잠시 쉴까하면 벌써 점심으르, 이렇게 고단한 나날의 연속이니 배가 항구에 도착하면 작업에 불만이 많은 선원들은 무조건 탈출한다. 그래서 명예영사의 주 임무가 이들 탈선자들을 보살피고 돌보는 일이었다.

1980년 초에서 2000년 사이 베네수엘라 투나 수산사업 투자가 호황을 이룰 때 한국수산회사들이 이곳으로 달려갔다. 카루파노에는 삼송산업의 투나선박 20여척이 베네수엘라 국적으로 변경하여 김종관 현지

사장이 운영을 했고, 이라파에는 트리니다드에 있던 조남직 사장이 10여 척의 투나선박을 베네수엘라로 옮겨 운영하였다. 쿠마나에는 개인 소유 한국 선박들이나 삼송 김 사장과 이라파 조 사장 투나 선박 10여척이 머물렀다.

선박소유주나 사장들은 수도 카라카스에 머물렀다. 탈선한 한국선원들과 부둣가 아가씨들과의 사이에 태어난 한-베 혼혈 어린이들이 상당수에 달하였다. 아마 베네수엘라 동부 항구근처, 카루파노, 이라파, 쿠마나 항구 근처에 수십 명 가까이 되리라 추정한다.

당시 우리는 그 중 쿠마나 수크레 어항 근처 어린이 20여명을 중앙교회로 오게하여 음식을 먹이고 한글과 성경을 가르치며 보살피고 있었다. 쿠바는 멕시코 대사관 관할이지만 지리적으로 베네수엘라와 가까워서, 만일 선원 탈주자가 쿠바로 건너가 북한으로 들어가 대남 방송으로 심리전을 펴면 베네수엘라 조OO 대사의 책임이 크다며 대사관 측에서는 나에게 도와달라고 간곡히 당부하였다.

동부 6개주에 다니며 주 지사를 방문하고 88 올림픽을 홍보하며 한국에서 발간한 책자들을 나누는 일도 나의 몫이었다. 내가 이 명예영사 일을 사양하니 당시 베네수엘라 대사님인 조OO 대사 왈, "한국에서나 다른 나라들에서는 서로 하려고 경쟁이 심하며 '와이로'(뇌물)를 주고 비용을 대는 것은 물론 그 나라 유명인사들까지 초청하는데 왜 사양하느냐?"고 하셨다.

3 선교사로 88 선교대회 참석

1987년 초 문대연 목사가 카라카스한인침례교회 윤여각 목사님으로부터 쿠마나 사역에 관한 이야기를 듣고 KOTRA 단장 박용국 장로 부인 최봉자 권사님과 함께 쿠마나로 나를 방문했다.

목사님이 쿠마나제일침례교회, 가나안침례교회 해양연구소를 방문한 후 내가 어느 교단에 속하는지 물으셨다. 남침례교단이라고 하니 "아~ 같은 교단이네." 하시면서 미주 한인침례교회 해외선교부 선교사로 추천할 테니 함께 일하자고 독려하셨다. KOTRA는 'Korea Trace-Investment Promotion Agency'를 뜻하며 구역 진흥과 국내외 기업 간의 투자 및 산업 기술 협력의 지원하는 '대한무역투자진흥공사'를 말한다. 1962년에 설립되어 전 세계에 무역관을 두었는데 당시 베네수엘라에도 KOTRA 직원들이 있었고 그들은 퇴직 후 주로 무역업을 하면서 베네수엘라에 정착하는 사례가 많았다.

어린이 사역을 돕는 사모

카라카스는 해발 2,000m 내외로 기후가 온화하고 시원하며 오일 머니로 흥청망청할 때니까 당연했다. 그 후 문 목사가 미주 한인교회협의회 선교사로 주선해 나는 해외선교부 선교사가 되었다.

문 목사는 그해에 있는 한인세계선교대회에 참가하도록 88 선교대회에 내 개인정보를 주겨 참가하도록 권장하시며 추천해 주셨다. 그러나 침례교회에서는 아무도 나를 아는 목사나 교회가 없어 경비 지원은 없었다.

그해 5월경 88 선교대회 재무보로 있는 커너티컷 장로교회 조권행 장로가 참석을 독려하며 모든 경비를 부담하겠다고 하였다. 너무 고마워서 방문하였을 때 어찌하여 나를 지원하였느냐고 물었더니, 당시 300여명을 초청하였는데 대부분이 한인교회 목사님들로 현지인 사역자는 참석자의 10% 정도였다며 정 선교사는 확실한 원주민 선교사이므로 개인재정으로 부담하였다고 했다.

88 선교대회 참석

1988년 7월 25일부터 30일까지 '나도 너희를 보내노라'라는 주제 아래 미국 일리노이주 Wheaton College(휘튼대학) 빌리 그래함 센터에서 열리는 선교대회에 참가하였다.

강사이신 문대연 목사를 비롯해 박근서 목사(미주 한인침례교협의회 해외선교부장), 고광철 파나마 선교사(강사), 이재덕 목사(웨인즈빌침례교회), 문종성 목사(시카고침례교회, 현 뉴저지침례교회), 윤여각 목사(카라카스 한인침례교회, 현 멜본중앙침례교회)와 만나고 교제하였다. 홀로 자비량으로 낯선 나라에서 외롭게 선교를 하던 내가 문 목사님 덕분에 정보를 얻고 좀 더 효율적으로 한 걸음 발전된 선교로 도약하는 계기가 되었다.

그 후 1988년 후반기에 미주한인교회협의회 해외선교부장이신 박근서 목사님(싸이프러스 침례교회)이 카라카스 윤여각 목사님과 쿠마나를 방문하였다. 달라스제일침례교회 부목사로 섬기며 서남침례신학교 선교학

초창기의 몬타니타 교인들

침례하는 필자   MIT 학생 때 몬타니타를 방문한 딸과 아들

박사과정에 있던 이현모 목사가 1989년 1990년 2회에 걸쳐 쿠마나를 방문하고 몬타니타 교인 5명에게 산루이스 해안에서 침례식을 거행하였다.

처음 우리를 선교의 길로 이끈 유진과 에바 선교사는 1982년 안식년 후 쿠마나를 떠나 Trujilo(트루히요) 서부지역에서 선교일을 계속하였다. 베테랑 선교사이지만 임원이나 지역회장이나 어떠한 감투를 사양하고 평생 현지사역 선교사로만 섬겼다.

1989년 이후 그들이 쿠마나를 보고 싶어 했는데 초청장이 정식으로 오면 움직이기 쉽다는 말을 듣고 기다리느라 초청장을 보내지 못한 것이 후회스럽다. 모든 것이 때가 있는데 가능할 때 빨리 처리했어야 했다.

"하나님이 모든 것을 지으시되 때를 따라 아름답게 하셨고 또 사람들에게는 영원을 사모하는 마음을 주셨느니라 그러나 하나님이 하시는 일의 시종을 사람으로 측량할 수 없게 하셨도다." (전도서 3:11)

제3장 쿠마나중앙침례교회

1. 쿠마나중앙침례교회의 창립과 발전

쿠마나중앙침례교회의 창립

1991년 함께 사역을 시작한 Orlando Sánchez(올란도 산체스)에게 개척한 가나안침례교회를 인계한 후 3월 24일 목요일 쿠마나중앙침례교회를 개척하였다.

José Gregorio Rengel(호세 그레고리오 렌헬), Constanza Barreto(콘스탄사 바레토) 형제들과 함께였다. 콘스탄사 바레토 자매는 이용사로 말씀에 조예가 깊고 성경을 잘 가르치는 좋은 재목이었다.

중앙교회 장년반을 맡았는데 매우 사교적이어서 자기가 운영하는 미장원 고객들을 잘 돌보며 교회로 전도하는 열성분자로 중앙침례교회 발전에 크게 공헌하였다.

1995년 완성된 2층 교회 모습

1397년 교육관 증축 후 3층 교회 모습

설교하는 필자

중앙교회 건축 전 모임

호세 그레고리오 렌헬은 당시 UDO 학생이었고 좀 수줍고 내성적이며 사교적이지 않아 교회개척에 참여하기를 꺼려 그만 두었다. 하지만 그는 후에 카리브복음신학원 목회학과를 졸업하고 현재 학사담당 부학장으로 봉사하고 있다.

하나님께서 일하신 것이다.

"피곤한 자에게는 능력을 주시며 무능한 자에게는 힘을 더하시나니."
(이사야 40:29)

쿠마나중앙침례교회의 발전

수산대 후배 최낙전 선장으로부터 현 중앙침례교회 건물을 카리브복음선교회(딸 원아 아들 석구) 지원으로 $10,000에 구입하였다. 나는 이 집을 내 개인 이름으로 하면 혹시 나중에 욕심이 생길 것을 우려하여 등록하지 않고 서류를 보관하고 있다.

어류창고가 영적저장교회로 변한 것이다. 이 집은 최낙전 선장이 태권도장으로 사용하려고 사두었던 곳으로 비어있었다. 전 집주인이 카리아코에 살고 있었는데 아들이 옆집에 살면서 무단으로 입주하였다.

제일침례교회 개척시 신부와 결혼하여 3남매를 둔 변호사 Edilia Mata de Heredia(에딜리아 마타 데 에레디아)의 남편 Reynaldo Heredia(레이날도 에레디아)는 기독사회당(Copei)의 열성당원이었는데, 그들 덕분에 이 집 문제는 6개월 만에 해결되었다. 당시 대통령은 Luis Hererra Campin(루이스 에레라 캄핀)이었다. 무단 입주한 아들은 수크레 주 경찰이었고 이 사건 후 그는 우리를 잘 보살펴주었다

"우리가 알거니와 하나님을 사랑하는 자 곧 그의 뜻대로 부르심을 입은 자들에게는 모든 것이 합력하여 선을 이루느니라." (로마서 8:28)

알 수 없는 하나님의 섭리

1979년경 나는 베네수엘라 의무기한 2년이 끝나 한국으로 귀국할 마음이 있었다. 이미 수산대학은 나를 부교수로 영입하였고 인사신원조회도 마친 상태였다.

따라서 나는 배를 가지고 사업하는 수산대 동문 조남직 사장이 마침 배 수리를 위해 한국으로 귀항한다고 하여, 책들을 36상자로 꾸려 Trinidad & Tobago(트리니다드 토바고)로 그에게 보냈다. 그런데 어떤

영문인지 그 배가 항해 중 방향을 트리니다 트토바고로 돌려 1980년 초에 짐이 다시 쿠마나로 돌아오게 되었다. 그 뒤 박정희 대통령 시해 사건과 전두환 체제로 이어지면서 나의 한국 귀국은 그렇게 무산되었다.

달라스제일침례교회와 나성침례교회의 단기 선교

달라스제일침례교회(손영호 목사)와 나성침례교회(박성근 목사)에서 32명이 베네수엘라로 단기선교를 왔다. 조쌍년(본명), 강승수, 한영제, Sam Lee, David Lee, 전도사로 7명이었다. 그들은 쿠마나제일침례교회, 몬타니타 가나안침례교회, 쿠마나중앙침례교회를 10여명 씩 1주간씩 섬겼다. 그때 쿠마나중앙침례교회의 최지호 학생과 카라카스 고등학교 학생들이 통역을 맡아주어 가능했다.

1995년부터 1998년 당시 해외한인침례교회 해외선교부 총무인 손영호 목사 소개로 왕남안 목사(당시 밀워키침례교회)가 쿠마나로 선교를 왔다. 중앙침례교회 몬타니타, 카이구이레, 선교지에서 열강을 해주셨다.

왕남안 목사님은 선교지에서 다룰 설교집을 갖고 다니셨다. 100여 페이지 되는 직접 만든 책인데 남미에서 주로 강해식 간단한 설교를 하는데 주제식이며 예화를 많이 드는 설교로 우리 교회 성도님들을 사로잡고 교회 분위기를 바꾸는 영력이 큰 목사님이셨다. 왕 목사님은 가실 때 그 설교집을 나한테 주고 가셨다. 1991년 7월 달라스제일침례교회에서 목사 안수를 받은 강승수 목사의 인도로 달라스제일침례교회(손영호 목사), 박한성 전도사 등 20명이 1994년 쿠마나로 선교여행을 왔다.

1991년에 선교 왔던 전도사님들이 목사 안수를 받은 후였다. 강승수 목사님은 청년담당이었을 때로, 중앙침례교회는 아직 자리 잡지 못하고 있었다. 사진전문가였던 박한성 전도사님은 일일이 우리 교인들의 사진을 찍어주고 예쁘게 수정해 주니 모두들 싱글벙글하였다. 또한 이발팀, 전도

달라스 침례 교회의 선교 활동 　　　달라스 침례 교회의 선교 활동
(왼쪽에서 두 번째 강승수 당시 전도사)

팀, 찬양팀을 만들어 교회 분위기를 확 바꾸어놓았다.

　최규성 사장은 쿠마나에서 해삼 낙지 등을 잡아 수출하는 수산업을 하고 있었다.

　첫딸 최지희는 성적이 우수하여 고등학교에서 과학콘테스트에 나가곤 하였다. 그러다가 신장염으로 사망해 최 사장은 매일 카라카스에서 도박과 술로 세월을 보내며 카라카스 동부에 화장터를 샀다.

　쿠마나에서 죽은 딸 최지희을 비행기로 카라카스교회로 이동하고 장례절차가 끝나고 나는 장례비를 제하고도 남은 약간의 현금과 함께 장례보고서를 최 사장에게 주었다. 이것을 본 최 사장은 너무나 감동하여 간증을 하였다.

　'딸이 죽자 도박친구, 술친구들은 온데 간 데 없고 카라카스와 쿠마나 교인들이 장례를 치러주고 가족들을 위로하였다'며 딸 지원, 아들 지호 그리고 아내와 함께 카라카스한인침례교회에서 침례를 받고 교인이 되었다.

　아들 지호는 유머감각이 풍부하여 쿠마나에 온 달라스제일침례교회 선교팀의 통역으로 봉사할 때 함께 울고 웃어가며 큰 감동을 주었다. 후에 쿠바에서 사업에 성공하여 사업용 자동차를 동부지역 마나티 홀긴 마르카네까지 선교하도록 도와주었다.

수염으로 맺은 언약

나는 1991년 12월 카라카스한인침례교회 헌당식 때 목사안수를 받았다. 문대연 목사님이 주선하였고 안수위원으로 박성근, 권영국, 윤여각, 임경삼 목사님들이 수고하셨다.

나는 신학교도 졸업하지 않았고 믿음도 약한 자로 목사로 섬길 자격이 없는 자다. 하지만 내가 처한 쿠마나 사정으로 선교 일은 하지만 목사는 천만의 말씀으로 생각하고 있었다.

그런데 윤여각 목사님이 말씀 하시길, 목사안수와 신학교육은 별개 문제요 현재 사역으로 자격이 충분하며 이미 공포하였으며 바꿀 수 없다고 하여 그야말로 부족한 채로 목사안수를 받았다.

다음 날 아침에 일어나 거울을 보니 수염이 엄청 자라 있었다. 너무나 신경을 쓴 결과 같았다.

나는 거울을 보고 이렇게 외쳤다. "니가 목사야!? 그래 그럼 열심히 잘 해봐!" 그날부터 나는 목사 안수는 하나님과의 약속이니 '하나님과의 약속을 지키자'는 뜻으로 수염을 기르기 시작하여 지금까지 수염을 기르게 되었다.

그것은 아침마다 거울 앞에 서면 나의 초심을 확인하는 징표로 생각하며 다짐하는 계기가 되었다.

"두려워 말라 내가 너와 함께 함이니라. 놀라지 말라 나는 네 하나님이 됨이니라. 내가 너를 굳세게 하리라. 참으로 너를 도와 주리라. 참으로 나의 의로운 오른손으로 너를 붙들리라." (이사야 41:10)

2 쿠마나중앙침례교회의 건축과 2차 공사

쿠마나중앙침례교회의 건축

1992년부터 1993년에 걸쳐 중앙침례교회 성도 16 가정이 교회 건물 기초 바닥공사를 위해 2m×2m 기둥을 세울 16개의 구멍을 팠다.

1993년 기초 바닥 공사

당시 가건물 앞의 필자 부부

1994년 7월 공사 팀

1995년 6월 골조 공사 중

1993년에는 교회와 선교지에 사용할 의자를 구입했다. 그 일은 기적이나 마찬가지로 당시 Humberto(움베르토) 극장이 폐쇄하여 긴 독립형 의자와 합석의자를 판매하고 있었다. 그들은 $5,000을 요구하였는데 우리는

교회에 헌납하도록 종용하였고 결국 1년 후에 $500에 구입하였다. 그 의자는 교회뿐 아니라 훗날 신학교에도 사용하였는데 약 500석으로 독립의자는 5인석씩 거조하고 긴 의자는 각 선교지에 나누었다.

IMB 남침례회 선교사의 방문과 안식년

1993년 IMB 남침례회 선교사 Bob & Ana Moore(밥과 아나 무어) 부부가 쿠마나에 도착하였다. 그들은 쿠바나제일침례교회, 가나안침례교회, 중앙침례교회를 방문하며 2개월 후 중앙침례교회에 안착하였다. 우리는 선교사 Bob을 선교목사로 추대하였다.

카라카스 소재 베네수엘라 설계사 소개로 교회 설계도를 작성하고 쿠마나 시로부터 건축허가를 받았다. 가건물 바닥에 네 기둥을 세우고 바닥 기초 작업 중 목사는 안식년으로 미국으로 갔다.

왜 1년도 안 채우고 벌써 안식년인가 나는 의문이 생겼다. 그 이유를 알고 보니 선교사로 선발되면 IMB 선교센터에서 6-12개월 훈련을 받는다. 그리고 남미 선택자들은 근 10개월간 코스타리카 언어훈련원에서 언어를 수료한다. 그리고 현지에 도착하면 문화훈련으로 1년간 지정 교회 없이 사역을 하는데 4년마다 안식년 1년씩 주어지니까 중앙교회에 정착한 지 만 1년이 되지 않았지단 1년 안식년으로 미국으로 간 것이다.

Milagros Barreto & Carlos Rondón(밀라그로와 칼토스 론돈) 청년 결혼식이 중앙교회 숲전에서 거행되었다. 교회 건축 후 첫 결혼이라 대잔치가 열렸는데 내가 맡은 첫 주례이기도 하다. 베네수엘라 청소년들은 감성적이어서 정들면 곧장 결혼하는데, 결혼식을 올리는 경우는 흔하지 않고 결혼신고(Boda Civil)로 대처하고 집에서 가족들과 친구들을 모아 간단한 잔치를 한다. 그러나 부잣집이나 권력가들 가족의 결혼식은 큰 호텔이나 특별한 장소를 빌려 초저녁에 시작하여 밤 자정에 끝나는 대잔치

Milagros Barreto & Carlos Rondón의 결혼식

를 한다. 춤추고 마시며 또한 악단 마리아치도 부르며 마지막에는 3-4층의 결혼 케이크를 자른다. 가톨릭 신부를 초청하고 결혼식 때 관공서 호적계를 데려와 결혼식장에서 혼인신고까지 마치기도 하는데, 참가자들에게 줄 예물도 준비한다.

미 선교사와 현지 목사의 갈등

1994년부터 1년을 미국에서 보내고 돌아온 무어 선교사는 깜짝 놀랐다. 무엇보다 중앙침례교회가 2층으로 세워진 것에 놀라는 등 3번을 놀랬다고 했다.

1. 첫째 교회건물이 세워져서.
2. 둘째 교회 안에 성도들이 꽉 차서.
3. 셋째 찬양사역이 너무 좋아서.

많은 미국 선교사들은 그들의 도움 없이는 현지 교회 자체로 사역을 감당할 수 없다고 생각한다. 모두는 아니지만 미국 선교사들 가운데 더러는 제국주의의 우월감을 가지고 있어서 현지 교회 목사나 사역자들을 깔본다. 그 이유는 대학을 졸업하고 신학대학원은 다녔지만 현지 목사님들 대부분이 신학교육 없이 간단한 선교훈련으로 목회를 시작했기 때문이다. 그것은 교회의 내정간섭이나 교인들 특히 청소년들에게 좋지 않은

핸디맨 Roberto Rose

Bob Moor 선교 목사, 정경석 담임 목사, Jose Abreu 교육 목사

영향을 미친다. 그들을 보고 청소년들이 모두 선교사를 지망하게 되는데 그 이유는 자동차 당시 집에는 인터넷이 없는데 파라블릭 안테나로 미국 채널을 시청하는 등 최고급 생활을 하니까 동경하기 때문이다. 무어 선교사와 짜고 José Abreu(호세 아브레우) 대학교수의 동료 교육목사를 담임목사로 추대하려는 움직임이 있었다.

중앙교회는 내가 담임이지만 무어 선교사를 선교목사로 아브레우 목사를 교육목사로 추대하여 협력하고 있었다. 당시 월요일에는 운영위원회가 모여 회의를 하는데 선교목사나 교육목사를 초대하지만 그들이 참석하지는 않았다.

나는 1999년 2월 허양연구소를 은퇴할 예정이라는 것을 말하며 후임을 함께 찾도록 홍보하였다. 쿠마나중앙침례교회는 아름다운 성전에 센트럴 에어콘을 설치하였고 300여 성도들이 모이는 교회로 성장하고 있었다.

하루는 아브레우 교육목사가 운영위원 회의에 참석하였다. 그는 무어 선교사집 근처에 사는 UDO 서반아어과 교수로 코스타리카 신학교를 졸업하였고 쿠마나에서 가장 오래된 영광교회(A Dios sea Gloria) 담임목사로 시무한 경력이 있는 분이었다. 당시 중앙침례교회는 급성장하는 과정이었고 내가 담임목사, 무어 선교사가 선교목사, 아브레우 목사가 교육목사로 3두 체제로 운영되고 있었다.

그가 '중앙교회 후임목사는 쿠마나 출신으로 지역사정을 잘 알고 신학 교육을 받았으며 목회 경험이 있는 자를 모셔야한다'고 하였다. 그리고 정 목사가 은퇴할 때까지 기다릴 것이 아니라 빠른 시일에 청빙하도록 조언하였다. 또한 다른 지역에서 데려오는 것보다 현지에서 찾는 것이 좋다며 그 조건으로, 쿠마나 출신이며 신학교육을 정상적으로 이수하고 현재 사역하고 있는 사람이 좋다고 하였다. 자기를 담임목사로 추대하라는 말 같았다.

나는 곧장 운영위원회에 의견을 요청하자 콘스탄사 자매가 말하였다. "지금 중앙교회는 잘 달리고 있다. 잘 달리는 마차의 말은 바꾸지 않는다." 이 말에 이구동성으로 대찬성 하였고 그 사건 후 아브레우 목사는 교회를 떠났다.

하루는 무어 선교사 집 베란다에 천장을 덮는 일을 청소년들이 도왔다. 수요일 예배시간인데 그곳에서 미국 TV를 시청하며 예배에 참석하지 않았다. 다음 일요일에도 예배에 참석하지 않았다. 청소년들 말이 무어 선교사 부부의 결혼기념이라 축하하러 갔다고. 휴~~ 꼭 주일에 축하를 해야 하나? 하려면 조용히 하지 왜 청소년들에게 알리는지 안타까운 마음이 들었다.

강세흥 동문 장로와의 만남

워싱턴대학교 UW(University of Washington) 해양연구소에서 핵산 RNA DNA 미립자 기술습득을 위해 4개월을 지내고, 캐나다 밴쿠버 해양연구소에서 8개월을 보냈다. 그때 시애틀에 거주하는 수산대학 동문 강세흥 장로를 만났다.

나는 당장 자동차가 필요하여 자동차 딜러인 심 집사의 소개로 Chevrolet Celebrity(쉐보레 셀러브리티)를 $4,750로 구입했다. 89년형

모델로 86,000마일을 달린 중고차지만 자동차가 깨끗하고 최고 성능이라고 믿었다. 바가지 쓴 것 같기도 하고 아이들도 난리를 쳤지만, 안식년 후 나는 이 자동차르 개척 중인 시애틀형제교회(정 샘 목사), 캘리포니아 노바토침례교회(윤여각 목사) 골든게이트 신학교 방문, 팔로알토새누리교회(김동명 목사, 안이숙 사모), LA침례교회(박성근 목사), 엘파소(정흥기 목사), 달라스제일침례교회(손영호 목사)를 방문하며 길고 긴 장거리 여행을 무난히 마칠 수 있었다. 그 후 마이애미에서 자동차를 베네수엘라로 부쳤다. 믿는 대로 되는 축복이었다.

"예수께서 대답하여 이르시되 내가 진실로 너희에게 이르노니 만일 너희가 믿음이 있고 의심하지 아니하면 이 무화과나무에게 된 이런 일만 할 뿐 아니라 이 산더러 들려 바다에 던져지라 하여도 될 것이요." (마태복음 21:21)

1995년 12월초 중앙교회에 설치할 센트럴 에어컨 2개 5톤짜리가 쿠마나에서 1시간거리 La Guaira(라구아이라)항에 도착했다. Roberto Rose(로벨토 로즈) 핸디맨이 쿠마나 사역을 미국 건설사에 알리고 IMB에 도네이션하고 쿠마나로 선적한 것이었다.

모두들 연말까지 찾기 힘들다고 했지만 기적적으로 2일 만에 찾았다. 수입국에 가니 담당자가 교인이었다. 당장 은행에 가서 수입 수수료를 납부하란다. 간신히 마감시간 직전에 지불 후 영수증을 수입국 직원에게 전달하니 내일 와 보란다. 아멘!

로벨트 로즈는 IMB 의료선교로 카라카스에 왔다가 무어 선교사를 따라 쿠마나를 방문하였다. 그 후 혼자서 쿠마나에 방문하여 우리 집에 머물렀다. 그는 5톤짜리 에어컨 2대를 중앙교회이 설치하고 모니터링 했고 크고 작은 건물 수리를 하며 교회를 관리하였다. 청년들과 잘 어울리며 한 동안 쿠마나 우리 아파트에 거주하였다. 특히 강에서 침례를 할 적에는 수영도 즐겼다. 후에 그는 베네수엘라 처녀와 결혼하였다.

쿠마나중앙침례교회의 2차 공사

1995년 8월 쿠마나로 돌아온 나는 2차 공사로 3층 교육관 세우는데 몰두하며 1999년 은퇴를 목표로 중앙교회 후계자를 물색하였다. 고광철 선교사의 조카로 파나마 한인 1세인 고대권 선교사와 아르헨티나에서 원주민 사역을 하는 1.5세 최 스데반 목사, 아르헨티나 2세인 김명수 목사를 초청하였으나 모두 실패하였다.

그 이유는 첫째, 좀 더 선교열정이 필요한 사람도 있었고, 둘째는 미주로 가기 위한 중간 역쯤으로 이용하려는 사람도 있었으며, 부인이 쿠마나와 같은 시골에 거주하는 것을 반대하여 무산되었다. 교인과의 금전거래로 돈도 잃고 사람도 잃는 경험이 있다.

중앙침례교회 Evelio Centeno(에벨리오 센텐노) 형제가 4시경에 전화를 했다. 이유는 Banco Consolidado(반코 콘솔리다도) 은행 마감정리를 하는데 Bs.1,000(미화 $232)이 부족하다며 도움을 청하였다. 돈이 없다고 하니 내 구좌를 들여다보고 돈이 있다며 내 수표장 요구해서 빌려주었는데 그 후 돈을 다 되돌려받지 못했다.

청년목사 영입과 선교사 파송

교회가 성장하면서 청소년들이 100여명이나 되었다. 1996년 6월 베네수엘라 침신대 출신인 Douglas Rojas(두글라스 로하)를 청년목사로 영입하였다. 1년 후 중앙교회 목사를 원해 내가 해양연구소 은퇴하면 중앙교회 목사로 취임이 가능하다고 했다. 그런데 두글라스 목사는 당장 시무하고자 신도총회에 올렸으나 부결되어 결국 중앙교회를 떠났다.

1995년부터 1999년까지 중앙교회가 성장할 때, 외부인을 중앙교회 교인으로 전도하기 위해 Llanada(야나다)와 Tres Pico(트레스 피코)로 선교지 개척에 나섰다

중앙교회는 젊고 성도들이 예배나 찬양에 경험이 적은데 비해 다른 교회에서 온 성도들은 예배 선교에 경험이 많은 성도들이었다. 자연스럽게 쿠마나중앙교회에서 자란 성도들보다 교회 인도나 찬양을 주도하니 일부 성도들이 불안하게 생각하는 것도 같았다. 그래서 똑똑하고 활기찬 성도님들 중 다른 교회에서 온 성도님들을 골랐다. 야나다에는 Aura Bottini(아우라 보티니) 자매, Ismelda Bottini(이스메리다 보티니), René Hinojosa(레네 이노호사), 트레스 피코에는 Efrain Amarista(에프라인 아마리스타), Evelio Centeno(에벨리오 센텐노)를 선교사로 파송하였다. 감사하게도 내가 해양연구소의 안식년을 가기 전에 중앙교회 2층 성전 건축을 마쳤다.

1998년 당시 제 3국 선교 사역에 대한 생각은 경제적으로 독립할 수 없다고 생각하는 사람들이 많았다. 나는 그때 자신들이 성경의 가르침대로 헌금을 했는지 묻고 싶었다. 일부 IMB 선교사들이나 한국선교사들은 십일조 헌금을 하지 않는다. 그 이유는 자신들의 헌금이 교회 전체 헌금보다 많기 때문이며 그들이 떠난 후 교회 재정에 문제가 생긴다는 것이다.

3 쿠마나중앙침례교회의 수난과 확장

쿠마나중앙침례교회의 수난

1999년에서 2000년까지 뉴저지 초대교회의 강력한 추천을 받아

Reynaldo Edwards(레이날도 에드워드)를 중앙침례교회 목사로 영입하여 취임하게 되었다. 그는 Jamaica(자마이카) 출신으로 Costa Rica(코스타리카)에 살고 있었다.

그러나 1년 후인 2001년 6월 그는 동성애 문제를 일으켜 교회분열 조장하더니, 결국 300명 중 100명 정도를 데리고 나가 새 교회를 시작하였다.

그때 강단위원회가 교회를 운영하게 되었고, 나는 은퇴는 했지만 원로목사로 봉사하며 중앙교회 사역을 계속 돕고 있었다.

초대교회 최휘웅 장로님이 에드워드 목사문제로 쿠마나를 방문하여 당시 월 $2,000을 지원하던 것을 끊겠다고 하자 에드워드 목사는 결국 사임하였다. 그러나 초대교회 Alberto Lee(이경원) 집사가 그의 사역을 원조하여 쿠마나에 다시 온 그 목사는 교회를 분열하였다.

이경원 집사는 아르헨티나 이민자로 뉴욕에서 동전사용 세탁소(Coin Laundromat)를 30여개 운영하며 경제적으로 성공한 사업가였다. 이 집사가 에드워드 목사를 개인적으로 지원하여 쿠마나로 다시 보냈다.

어떤 영문인지 물으니 "남미 사역자치고 남녀 문제나 자질 모자라지 않는 사람은 없다. 사역 잘 하고 많은 사람 구원하면 되지 않나?" 하는 답이 돌아왔다.

초대교회에서도 손 쓸 수 없는 지경이라고 했다. 그 분이 나중에 장로가 되었다는 말을 들었다. 선교에 열정인 것은 높이 사고 사람마다 생각이 다를 수 있지만, 동성애 문제까지 허용하며 선교하려는 그 분의 신앙관을 이해하기 어려웠다.

"우리 대제사장은 우리의 연약함을 동정할 수 없는 분이 아니십니다. 오히려 그분은 모든 점에서 우리처럼 시험을 받으셨습니다. 그러나 죄는 없으셨습니다." (히브리서 4:15)

쿠마나중앙침례교회의 확장

쿠마나중앙교회 2차 공사가 끝나고 여러 가지 음악기구와 장구들을 보관하기 위해 2층 교회당 뒷방을 넓혔다. 원래 전기선이 교회 뒤로 연결된 것이 노출되면서 특히 비가 오면 벽에 부딪혀 스파크가 일어났다. 쿠마나 전기회사인 Eleoriente 사무실은 UDO 가는 길목이라 출근하면서 사무실에 들르니 내일 mañana(천천히가 그들의 특징) 오란다. 다음날 아침에 갔더니 나중에 오라 하고 퇴근길에 들르니 내일 오란다.

매일 아침과 오후에 들르니 담당 엔지니어가 누군지 알게 되었다. 다음날 아침에 가니 "Pastor Chung 목사님 걱정 마세요. 우리가 정리할게요." 라고 한다. 그런데 뜨 마냥 만냐다. 끈질기게 달라붙으니 두 달 후 전선을 돌리기 위한 새 전봇대를 심고서야 작업이 끝났다.

"네 짐을 여호와께 맡기라. 그가 너를 붙드시고 의인의 요동함을 영원히 허락하지 아니 하시리로다." (시편 55:22)

1997년 교육관으로 남은 토지 위에 3층 공사가 잘 진전되어 하나님께 감사하였다. 일층 교실과 친교실은 어린이 사역으로 유치원을 운영하고 있었다. 그런데 건축재료를 넣어둔 대학생 숙소 천장을 뚫고 시멘트와 목재를 도난당했다. 그곳에 넣어둔 것을 어떻게 알았을까? 조사를 해 보니 교회 앞 무허가 집단촌에 살고 있는 유치원 학생 부모였다. 아이를 데리고 유치원에 다니면서 건축재료 저장장소를 알았던 것이다. 교인들은 그 동네에 들어가면 큰일 난다고 말렸지만 우리 부부는 그 집을 방문하여 기도하며 축복하였다.

도난사건은 그 중 한명이 유치원생 가족인 그 동네 불량배 3명과 함께 한 거사였다. 그런데 그들이 분배과정에서 문제가 발생하였다. 한명이 다른 한명을 총으로 쏴 죽였고 경찰이 추적하니 경찰 한명에게 부상을 입혔다. 두 불량배는 경찰 추적 때문에 집에 올 수 없었다.

  하루는 그 중 한 명이 잠시 집에 들렀는데 경찰이 들이닥쳐 천장에 숨어있는 청년을 향하여 총을 쏘아 범인이 즉사하였다. 그곳의 관례는 경찰을 죽이거나 부상을 입히면 경찰은 반드시 복수로 죽이기에 범인들은 절대로 경찰과 싸우지 않았다.

  "눈은 눈으로, 이는 이로라는 말을 여러분은 들었습니다. 그러나 나는 여러분에게 말합니다. 악한 사람에게 맞서지 마십시오. 도리어 누구든지 당신의 오른뺨을 때리거든, 그에게 다른 뺨도 돌려 대십시오."(마태복음 5:38-39)

제4장 야나다 예수연합교회

1 야나다 예수연합교회의 창립

1997년 시애틀연합장로교회에서 $6,000을 지원하여 Panadero 빵집 구멍가게를 구입하여 야나다연합교회를 세웠다.

Urbanización La Llanada(야나다 집단 거주지역)은 4구역으로 된 쿠마나에서 가장 큰 주택단지다. 빵 공장으로 사용되고 있던 교회가 위치한 2단지는 교통의 중심지로 교회 앞에 버스 정류소가 있었다.

오래 전부터 이 집을 두고 기도하던 중 즈인이 마투린으로 이사를 가게 되었다. 그는 $10,000을 요구하였고 그곳을 사서 교회 이름을 Unidos en Cristo(예수연합교회)라고 한 후 새출발을 하였다. 육신의 빵집이 영혼의 집이 된 것이다.

2 야나다 교회의 발전

창립 시 아우라 보티니가 담당하다가 2006년에 Jesús Pérez(헤수스 페레스) 형제가 목사로 섬겼다.

2010년에 예수연합교회는 다른 곳에 있던 샘물교회와 합하여 Unidos en Manantial de la Vida(연합샘물교회)로 발전하였다. 현재 Eduardo Licett(에두알도 리셋)이 카리브복음신학교 독회학 석사과정을 마치고 목회 중이며 교세는 200명 정도다.

"사람이 마음으로 자기의 길을 계획할지라도 그 걸음을 인도하는 자는 여호와시니라." (잠언 16:9)

한인 선교사와 미국 선교사들

하루는 미국 한인교회에서 어떤 분이 IMB(International Mission Board) 해외선교부선교사로 전화를 했다. 베네수엘라로 IMB 선교사로 가는데 한인들이 많이 사는 도시 이름을 물었다. 박 목사와 미리엄 사모라고 했다. 여기는 한국 사람이 전국에 400여 명뿐이고 카라카스 수도에 집중하여 산다고 알려주었다. 그 후 연락이 왔는데 Barquisimeto(발키시메토) 서부지역 신흥 대도시에 발령받았다고 하여, 그 도시에 사역하는 현지 목사님들을 초대해 음식을 가득히 차려놓고 잔치하며 교제하였다.

그 후 지역지방회에 초청을 받아 갔는데, 오후 7시 시작이라고 하여 그 전에 도착해 보니 아무도 없었다. 어쩐 일인지 8시가 지나고 9시가 되어도 저녁식사가 나오지 않더니 9시경에야 BBQ를 시작하고 10시가 지나서야 저녁식사를 한다. 그때 문화충격을 받았다.

그 후 그곳 파티에 초대를 받으면 저녁을 먹고 느지막하게 간다. 그 분들을 쿠마나에 초청하였다. 남침례교의 선교사역도 알고 쿠마나에는 한국사람이 살지 않으니 교제도 할겸 온다고 했는데, 차 사고가 나서 수리 중이어서 못 온다고 했다. 그 후에도 여러 번 연락을 하였으나 결국 쿠마나를 방문하지 못하고 선교지를 떠났다. 선교사로 지망한 사람이 한국사람이 많이 사는 도시 근처로 사역지를 구하는 것도 문제지만, 현지 문화에 적응하지 못하고 사역지를 떠나는 것을 보니 마음이 너무 안타깝고 우울했다. 사역을 직장으로 간주하는 느낌을 받았다.

1997년 무어 선교사가 마르가리타로 선교지를 옮겼다. IMB 선교정책이 변경되고 개혁하여 원주민 교회와의 갈등 해소를 위해 2-3명그룹으로 한 지역에서 교회를 개척하도록 한 것이었다. 하지만 이것은 더 큰 문제로 비화되고 말았다. 미국의 선교사들이 현지교회에서 일할 만한 사역자들을 데려간 것이다. 대우를 잘 해주니 현지 사역자 모두 그쪽으로 가는 바람에 그야말로 말짱 헛것이 된 것이다. 나중에 현지교회에 배속되어 선교지를 돕고 섬기도록 IMB 정책이 다시 바뀌었다. 사필귀정!

제5장 카이구이레교회

1 카이구이레교회의 창립

안식년이 가기 전에 1994년 카이구이레교회를 개척했다. Pedro Elia Rodriguez(페드로 엘리아 로드리게스)는 푸엘토피리투 출신으로 당시 Puerto La Cruz(푸엘토 라 쿠르스)에 사역하던 브라질 선교사 Galixto Patricio(갈릿토 파트리시오)가 운영하던 성경학교 학생에게 교회를 맡도록 했다.

카이구이레는 쿠마나에서 오래된 주거지역으로 근처에 새로운 집단거주지가 세워지고 있어 선교적 개념으로 중요한 지역이었다. 쿠마나에서 교회개척은 중요한 장소에 가건물이 있는 땅을 렌트하거나 사서 시작하였다. 페드로가 좀 내성적이며 적극적이지도 않았지만 교회가 성장하지 않았다.

1년 간의 렌트비를 선금주고 사역을 맡기고 돌아왔는데 다 없어지고 말았다. 베네수엘라 청년들이 책임감이 약하고 선교마인드가 없으니 어찌하랴! 나 혼자서는 힘드니까 가장 쉬운 방법은 그냥 철수하는 것이다.

2 카이구이레교회의 재건

1995년 귀국 후 연탄공장이던 10m×40m의 땅을 $7,000에 구입(카리브복음선교회지원) 하고 아래는 교회로 2층을 목사관으로 건축하기로 했다. Antonio González(안토니오 곤살레스) 공학사를 목사로 선정하고 교회가 더욱 부흥하였으나 안토니오 곤살레스 목사가 사업차 푸엘토 라 쿠르스로 이사하였다.

Ignacio & Isabel(이그나시오와 이사벨) 예수선한목자교회 집사에게 맡기려 하니 교회를 맡아 본 경험이 없으니 불안해서 교회 섬기기를 꺼렸다. 하지만 결국 시간이 지난 후 이사벨은 목회학 석사 MDiv 이그나시오 학사과정 카리브복음신학교를 졸업하고 현재 목사가 되어 Iglesia Bautista Jesucristo es Buen Pastor(예수선한목자교회) 교회를 섬기고 있다.

이 교회 구입은 아들과 딸이 도왔고 현 건물로 개축하는데 경제적 어려움도 있었지만 $20,000 정도로 완성되었다. 그 후 건축 팀 도움으로 2층에 목사관으로 방 3개와 화장실 1개를 넣었다. 아래층에는 10x20m 정도의 교회당과 그 뒤쪽으로 10x10m 정도의 저장소를 만들었다. 교회의 split 에어컨 3개도 넣었다. 모두 하나님의 은혜로다. IMB 건축 선교팀의 도움이 있었고 중앙교회 청년들의 봉사가 큰 힘이 되었다.

할렐루야!

"너희 염려를 다 주께 맡겨 버리라 이는 저가 너희를 권고하심이니라."
(베드로전서 5:7)

제6장 카리브복음신학원
El Seminario Evangélico del Caribe

1 복음신학원을 위한 준비와 설립

골든게이트신학교 입학과 졸업

나는 UDO 대학교 국문학과(서반아문학과)에서 고전문학으로 성경문학강의를 하고, 해양연구소 연구일을 계속하며 아주 바쁘지만 축복된 생활을 하다 2000년 2월 23일, 23년을 근무한 베네수엘라 해양연구소를 공식 은퇴하였다. 은퇴 후 2005년에 베네수엘라에 신학교를 설립하려는 목적으로 2001년 8월 말 골든게이트신학대학원 MDiv목회학 석사과정에 입학하였다.

내 나이 61세였다.

카리브복음신학원 설립을 위하여 쿠마나 교계 지도자들을 만나 조언을 구하였다. 오순절 교회로 브라실의 '시온'교회의 Quintin Marin(킨틴 마린) 목사, 세계빛 교회 I의 Isidro Rodriguez(이시드로 로드리게스) 목사, 세계빛 교회 II의 Asdrubal Guevara(아스두루발 게바라) 목사, 침례교로 중앙교회의 레이날도 에두와르도 목사, 제일침례교회의 테오도로 말카노 목사, 영광교회의 Enrique Sánchez(엔리케 산체스) 목사 등이었다. 그런데 2004년 영광교회에서 아무 설명 없이 팀선교회의 신학교를 개설 하는 게 아닌가! Jaquetero!(남의 계획이나 생각을 훔치는 자) 중앙침례교회 에두와르도 목사가 쿠마나신학교를 개설하는구나!

그러나 지금까지 존속하는 신학교는 카리브복음신학교이며 1,000여명 정도가 여러 과정에서 교육받고 베네수엘라 동부지역 사역들을 자체적으로 운영하니 얼마나 감사한지.

"여호와의 말씀이니라 너희를 향한 나의 생각을 내가 아나니 평안이요 재앙이 아니니라 너희에게 미래와 희망을 주는 것이니라."(예레미야 29:11)

2003년 7월 골든게이트 William Wagner(윌리엄 와그너) 교수와 17명의 신학생들이 선교 실습으로 시애틀 제일침례교회 골든게이트신학생 Daniel Moon(문성철)과 쿠마나를 다녀갔다. 골든게이트의 선교학은 2학점이며 IMB 선교본부에서 비용 중 50%를 지원했다.

실제적으로 IMB 지원은 $995이었는데 쿠마나에서 사용한 금액은 학생당 항공료 포함 $600-$700이었다. 나는 신학생들 경비를 실비로 올렸다. IMB 선교부에서는 베네수엘라 선교부에 경비타당성을 문의하였는데

독수리지도자상

석사학위 수여

미 선교사들의 계산으로 $1,990이 산정되어 그 절반인 $995이 학생 보조금으로 지불되었다.

나는 골든게이트 신학교 공부 중에도 쿠마나 사역을 계속하였고, IMB 본부에서 주는 공로 표창장을 받았다. 2004년 5월 25일 목회학 석사를 취득한 후 나는 곧바로 DMin 목회학 박사과정을 시작했다. DMin 목회학박사 과정은 방학 때만 소집하는 특수과정이었다.

2007년 5월 나는 골든게이트신학교를 졸업하고 DMin 목회학박사를 취득하였다. 그리고 졸업자에게 주는 유일한 지도자상인 독수리패를 수령하고 부상으로 상금 $1,000도 받았다. 골든게이트 신학원에는 졸업식 때 상이 많았다. 신약상, 구약상, 설교학상 등등.

William Cruz(윌리암 크루즈) 총장님이 은퇴하시면서 전 재산을 학교에 기증하였는데, 그러면서 모든 졸업 때 주는 상을 없애고 단지 '지도자상' 하나만을 주도록 하였다. 맡겨진 재산의 이자로 독수리 조각 모형의 상패와 천불의 상금도 주어졌다.

카리브 복음신학원의 설립

2005년 9월 17일 우여곡절 끝에 카리브복음신학원이 개학하였다.

쿠마나복음주의신학교를 설립하는 과정에서도 침례교회에 대한 나의 기대는 아픔으로 돌아왔다. 나는 쿠마나복음주의신학교가 미주에 있는 신학교와 협력관계 맺기를 원했다.

그러나 내가 목회학 석사와 박사를 마친 골든게이트 학교에서는 노재영 교수님의 도움으로 간신히 CLD(Christian Leadership Program) 교재 사용만을 허락받았고, 나성침례교회의 캘리포니아 신학대로부터는 협력이 불가능하다는 통보를 받았다. 시애틀 페이스신학교로부터는 등록금을 요구받았다.

나는 선교지에 세워지는 신학교를 위해서 모두가 발 벗고 나서줄 것이라고 생각했으나 그렇지 않았다. 내가 너무 순수하게 생각했던 것일지도 모른다.

그러던 중 조카 결혼식을 위해 메릴랜드를 방문했다가 안준식 목사님과 우연히 교제하게 되었다.

나의 상황을 들은 목사님은 자신이 돕겠다고 흔쾌히 나서주셨다. 안 목사님은 한우리침례교회 담임목사로 메릴랜드 신학교에 학장으로 섬기고 있었는데, 자신의 학교가 협력 관계를 맺어준다는 것이다. 하나님께서 길을 여는 순간이었다. 그렇게 목사님의 도움으로 쿠마나신학교 졸업증이 미국에서도 인정받는 학위가 될 수 있게 되었다.

쿠마나복음신학교의 졸업장이 미국에서도 인정하는 졸업장이라는 미국 영사의 인증서(Apostille)를 받게 된 것이다. 그래도 감사한 것은 2008년 첫 졸업식에 침례교 해외선교부 서세원, 조낙현, 강승수, 신동호 목사님들과 박준배 선교사가 함께 하고 후원해준 것이다.

개학 예배와 현지 목사-수련회를 4성급인 Barcelo Hotel에서 3박 4일로 정하고 GGBTS(골든게이트신학대학) 신학교 동지들과 친분이 있는 교회 목사들에게 알리며 도움을 청하였다. 현지목사들 50쌍을 초대하는데 $10,000 정도가 필요했다.

수리중인 가건물에서 열린 입학설명회 참석자들

개학예배에 참석한 시어틀연합장로교회팀

2005년 9월 17일 카리브복음신학원 개설

당시 나는 개인 재정으로 선교를 감당하고 있었기에 가능하면 많은 기도 지원자들이 필요했다. 제일 먼저 선교열정이 대단한 시애틀연합장로교회 박영희 목사님과 강세흥 장로님이 연락을 주셨다.

제1회 졸업생과 Domingo Montes 중학교

아직 교실 확보와 학생들 수용시설이 완전하지는 않았지만, 학부를 담당할 베네수엘라 침례신학대학을 졸업 후 Maturin(마투린)에서 사역 중인 David & Ruth Meza(데이빗과 루스 목사부부)의 집을 먼저 지었다. 방 3개에 욕실 2개였다.

사모도 신학교 졸업생이라 둘 다 강의가 가능하니 더욱 마음이 끌렸다. 두어 번 만나서 평생 함께 신학교 사역을 해보자고 다짐한 후 그들을 쿠마나로 오도록 배려하였다.

당시 봉급은 베네수엘라 단위로 월 2,000보리바르($465)를 약속했는데, 베네수엘라 총회 선교부장 JACOBO GARCIA에게 월 500보리바르($107) 도움을 받기로 했다. 그들은 신학교 학부만 담당하고 석사과정은 내가 책임지고 외부강사와 함께 맡기로 했다.

하지만 그들이 2년 후 제일침례교회로 가는 바람에 난리가 났다. '평생 함께 사역하기로 한 약속도 효력이 없구나!' 실망이 컸으나 하나님은 제일교회 추천학생인 Francisco Trillo(프란시스코 트리요)를 예비 강사로 준비해두셨다.

2008년 제1회 목회학 석사 7명이 졸업하게 되었고 목사도 3명이나 안수하였다. 건물도 개수하거나 보수해 교실에도 여유가 생겼다.

카리브복음신학원 2009년도 졸업식은 학사 1회, 대학원 2회로, 학사 4명, 석사 3명과 목사 1명 안수식도 거행하였다.

서세원 이사장 축도

조낙현 선교부장과 필자

제1회 MDiv 졸업자와 함께

2009년 7월 학부 1회 졸업식과 2회 대학원 졸업식은 시애틀연합장로교회의 재정도움($10,000)을 받아 발셀로 4성 호텔로 쿠마나 목사님들과 지도자 100명을 초대하였다.

2009년 7월 학부 1회 졸업식과 2회 대학원 졸업식 참석자들

　메릴랜드 신학장 안준식 박사, 시애틀연합장로교회 박영희 부부 박사, 풍성한복음선교회 신인훈 회장 목사, 한국 인터넷신학교와 강남중앙침례교회 김형태 박사, 아르헨티나교회 이재훈 교수(사진 오른쪽에서 왼편으로), 베네수엘라 Genesis(헤네시스) 선교회 김두환 회장, 카라카스교회 이한석 집사의 참석으로 빛나는 졸업식이었다.

학위를 수여하는 안준식 박사와 정경석 학장

베네수엘라 Genesis(헤네시스) 선교회 김두환 회장과 이진석 집사 부부

Domingo Montes 중학교의 설립과 폐쇄

Sael Astidullo(사엘 아스티두요) 변호사가 졸업생 중 목사 안수를 받았고, UDO 물리학교수 한 사람을 데리고 왔다. 운영 중인 중학교를 카리브복음신학교 교중으로 옮기자는 제안이 있었다.

중학교 1, 2, 3학년이 한 반씩이므로 교실 3개와 사무실을 빌려주면 월세를 5,000보리바르($1162)를 내겠다니 귀가 솔깃하였다. 오른쪽 가건물을 보수하여 교실 3개와 사무실 등을 갖추었다. 교장(DIRECTOR), 내부 청소책임자(LIMPIADORA), 사무실 비서(SECRETARIA), 수위(PORTERO)가 풀타임 고용이고 나머지 선생들은 시간제로 운영하였다. 교장은 UDO 졸업자로 좋은 인품의 소유자였다. 건물 소유주가 운영하면 괜찮은 교육사업이라고 했다.

사엘 목사가 50,000보리바르($11,627)를 요구한다며 DOMINGO MONTES 중학교를 사서 운영하는 것을 제안하였다. 신학교와 중학교를 함께 운영하면서 고등학교로 허가를 받으면 신학교로 입학하는 학생도 있겠구나 생각하니 참 좋은 아이디어 같았다.

카라카스 김두환 집사에게 문의하였더니 챠베스 정부 방침이 모든 사립학교를 공립으로 전환한다는 얘기가 있다며 잘 알아보라고 했다. 신학교와 고등학교를 연결하는 구상에 흥분한 나는 학교 인수에 박차를 가해 결국 2회에 걸쳐 지불하고 운영권을 인수하였다.(카리브복음선교회 지원)

그러나 문제가 있었다. 다른 학교는 등록금은 1,000보리바르이고 우리는 240보리바르인데 전년 학기의 20%만 등록금을 올릴 수 있다고 했다. 차베스정권의 퍼주기로 인플레이션이 전국적으로 확산되어 운영에 지장을 가져왔다. 주 교육국은 중앙정부의 지시로 운영되는데 감사가 나왔고 새 교장은 학교를 폐교하려는 음모를 꾸몄다. 주 교육국장 사무관들이 학교이사장과 교장의 면담을 요청하여 나도 새 이사장 자격으로 참석하였으나 주 교육국에서 이사 교체가 아직 이루어지지 않은 시기로 그들은 현 이사장의 책임 답변만을 요구하며 학교운영과 목표를 제시하도록 요구했다. 그러자 현 교장은 현 사정으로는 학교운영이 적자라며 폐쇄를 권유하였다. 그의 속셈은 학교가 폐쇄 되면 퇴직금과 보상금을 챙길 수 있기 때문이었다. 반면 현 이사장은 지금의 어려움을 자처한 현 교장과 교육국의 감독 부족의 책임을 물어 학교장을 파면하고 새 이사장 아래 운영하도록 권유하였다.

교장이 지난번에 해고된 지금까지 수위의 급료를 지불하도록 법원에 신고하며 고소하였다. 수위는 중요한 직책이라 내가 학교 인수 후 중앙교회 로시요 형제로 바꾸었는데 퇴직시킨 수위의 지난 봉급과 퇴직금을 지불하라는 것이다.

이것은 모두 전 이사장과 전 교장의 책임이었지만 학교 변호사격인 사엘 목사는 속수무책으로 변명만 하고 있었다. 새 교장의 공소로 법원에서 검찰이 학교로 오니 쿠마나 법원의 지원인 마리귀탈 재판으로 12시에 오기로 했던 검사와 약속하고 오지 않았다. 그리고 학교에 설치한 시설물 에어컨을 가져가겠다고 하여 어쩔 수 없이 개인 수표로 5개월간 지불약속으로 임시 해결하고 난 후 오후 4시경에 나타났다.

사엘 형제가 중앙교회 목사로 부임한 후 브라실 술 선교지를 교회 허가 없이 오순절교단의 회의장소로 제공하였다. 또 목사관을 다른 교회 목사에게 빌려주어 문제가 생겼다. 정명진 목사를 카리브복음신학교에 오도록 하면서 중앙교회 목사로 부임하면 목사관을 쓰려는데 나가지도 않는다.

그가 쿠마나 시장에 출마하려고 하여 목사가 교회에 시무하지 않으려면 사표를 내고 정치 일에 참여하도록 권장하였으나 목사직을 유지하고 출마하도록 교회에서 허가해 달라고 했다. 하지만 그 일은 교회에서 부결이 되면서 떠나도록 결정이 났다.

또한 교회 내 사찰집사 방을 시청직원에게 주어 문제가 발생하였다.

결국 나는 Domingo Montes 중학교를 자진 폐쇄하기로 주 교육국에 신고하였다. 16명의 교사와 교장, 서기, 수위 등의 퇴직금이 $100,000 정도였다. 중앙교회 출신 Tineo(티네오) 법원판사, 오순절교회 출신 인도식당 주인이며 변호사인 그의 도움으로 $30,000 정도로 끝나게 되었다. 그것은 Empire Moto 사장인 김두환 집사(헤네시스 선교 회장)의 도움으로 해결하였다.

카리브복음신학원 숙소에서 만난 강도

2005년 9월 17일 개강한 카리브복음신학원은 학부에 10명 목회학 석사과정에 7명이 입학하였다. 학부과정은 다빗메사와 룻메사 부부가 맡았고 목회학 석사과정은 내가 강의하거나 미주에서 초대한 강사님들이 수고해 주셨다. 강사 목사님들이 카라카스 공항에 도착하는 시간을 월요일 오전이나 오후 일찍 도착하도록 요청하고, 주로 아침 6시경 출발하는 월요일 첫 비행기로 카라카스 국내공항에 도착하면 바로 국제공항으로 가서 국제항공편을 기다렸다. 그때는 일주일에 한번 밖에 항공기가 없었다.

강사님이 오전 중 도착하면 점심을 국제공항에서 함께 먹고 오후 3시-7시 국내비행기로 쿠마나에 도착하여 월요일은 쉰다. 자동차를 쿠마나 공항에 주차할 수 있어 편리했다.

화요일 새벽 6시 30분에 첫 강의가 시작된다. 8시 30분에 학생 중 일부는 출근해야 한다. 오전 중 강사들이 쉬거나 또는 쿠마나 근처를 산책하도록 돕고 점심 후 그곳 관습에 따라 오수를 즐긴다.

그 후 오후 4시에 강의를 시작하면 밤 10시 경이나 되어야 하루 일정이 끝난다. 처음에는 강사 목사님들을 호텔에 투숙시키고 내가 라이드를 드렸으나 길에서 보내는 시간이 많아 신학교 내 숙소를 만들고 함께 기거하는 형태로 바꾸었다.

하루 세끼를 담당하는 사모도 바쁘다. 아침식사 준비로 매일 쿠마나 공용시장으로 가서 먹거리를 장만하고, 또 바닷가 어시장을 방문해 해산물을 구입한다. 차가 2대라 사역에 불편은 없지만 문제는 식재료를 다듬고 청소하며 잠자리를 마련하는 등 이 모든 것을 혼자 감당하기에는 힘이 들어 현지 부인들의 도움이 필요했다.

신학교 대문은 큰 철창문 하나로 열고 닫으며 자동차를 신학교 교정에 주차하고 큰 문에 손잡이가 없어 밖에서 열쇠 없이는 열수 없도록 잠금쇠를 채워 안전을 기한다. 하지만 여자 혼자 큰 철창 대문을 여닫기가 힘들어서 옆에 작은 문을 만들어 자동차를 쓰지 않을 때는 그 문으로 신학교와 강사님들 숙소에 드나들었다.

강도나 도둑은 아무 집에나 들어오지 않는다. 그들도 분명한 타깃이 있고 철저한 조사를 했을 것이고 절대로 혼자 들어오지 않았을 것이다. 사모와 나 그리고 현지인 도우미밖에 모르는 잠금장치를 또 누가 알겠는가?

2010년 강삼권 목사님이 강의하러 오셨다. 수요일 오전 강의를 마치고 점심 후 목사님은 저녁 강의를 준비하시고 나는 오수를 즐기고 있었다. 그때 열쇠 없이 밖에서 문을 열 수 있는 특별한 도구를 만들어 강도 3명이 침입했다. 집 구조를 모르면 절대 할 수 없는 일이었다.

사모가 저녁을 준비하는데 한 명이 접근해 강도라고 밝혔단다. 베네수엘라 강도는 절대로 고함을 지르거나 강압하지 않고 그저 조용히 '나 강도요!' 라고 한다.

강삼권 목사와 나 그리고 사모를 모두 우리 방으로 몰아넣고 권총으로 위협하며 달라를 요구했다. 차베스가 집권하여 마구 퍼주니 베네수엘라 화폐 보리바르는 먹히지 않는다.

가진 것이 없다고 하니 침대와 같이 이불장을 뒤엎고 위협하더니 권총으로 강 목사님 머리를 찍는다. 목사님 앞머리에서 피가 흐른다. 나는 놀라서인지 갑자기 소변이 마려워 화장실에 가고 싶다고 하니 안 된다며 휴지통에 볼일을 보란다.

그래서 평생 처음으로 휴지통에 소변을 보았다. 그들은 20여분 동안 방안을 온통 뒤져도 돈이 나오지 않자 모두 죽이겠다고 위협한다. 내가 느끼기로는 마치 10시간은 된 느낌이었다.

마침 옷걸이에 걸어둔 지갑을 발견한 그들은 그곳에 들어있는 $1,800을 발견하고 "야 찾았다!"라고 말하며 돈을 들고 달아나며 신고하면 죽을 줄 알라고 협박한다.

사실 신고할 필요가 없는 것이 신고하면 더 문제기 때문이다. 경찰에 불려가 취조를 받아야하고 모두 한 통속이니 그러봤자 아무 소용이 없다.

그들이 떠난 후 생각해 보았다. 누가 집 구조와 미국에서 강사 목사님이 와 있는 것을 아는 것일까? 단 한사람은 가사 도우미 아가씨뿐이다. 그러고 보니 3명 중 한명이 가사 도우미와 너무도 닮았다. 천만다행으로 현금과 수표가 든 강 목사님 가방은 강사방에 있었다.

그 후 우리는 문 잠금 쇄를 한 번 더 돌려 박아서 어떤 장치로도 열 수 없게 만들었다. 비록 소 잃고 외양간 고친 격이지만.

김종대 집사와 건축헌금

2003년 9월 콩코드침례교회 이동호, 강응봉 장로, 김종대 집사와 오인수 목사의 베네수엘라 선교여행이 있었다. 그것은 우리들에게는 축복이었다. 차베스 정책으로 트카실 술 교회가 폐허가 된 것을 재건하도록 세 사람이 $30,000을 헌금하도록 김종대 집사가 권장한 것이다.

김종대: "하나님이 왜 우리들을 여기 보냈겠노! 이 폐허된 자리 건축하라꼬 아이가. 강응봉 장로 세탁소 잘 되제? 그라모 $10,000, 이동호 집사 선박짐 운영 잘 되제? 그라모 $10,000, 김종대 의사는 환자가 많다, 그러니께 $10,000 헌금하자. 오인수 목사야 돈이 있나? 그러니 기도나 해주소."

이렇게 하여 $30,000 건축헌금이 작정되었다. 김종대 집사는 '일주일간 함께 살면서 담배 피우는 걸 속일 수 없제. 그래서 이번 선교여행으로 담배 끊었다'라고 결심하고 교인들 앞에서 간증을 하였다.

그리고 부인에게 담배를 끊는다고 하니 부인 왈 '당신 담배 끊으면 내 손가락에 불을 켜고 하늘로 올라가겠다'고 하여, 당장 담뱃갑을 밟아버리고 하나님께 맹세하였다고 했다.

"너의 행사를 여호와께 맡기라. 그리하면 네가 경영하는 것이 이루어지리라." (잠언 16:3)

2005년 9월 17일 카리브복음신학원 설립예배를 드리며 현지 목사님들과 수양회를 개최하였다.

주 강사진은 88 세계선교대회 때 만난 목사님들이었고 카라카스한인교회도 참가하였고 박영희 목사와 강세흥 장로가 참석하였다. 해외선교부 총무인 강승수 목사의 도움으로 미주 침례교해외선교부의 허가를 받았다. 카리브신학교를 한인침례교회 해외선교부에서 인준하면 총회 목사님들을 강사님으로 초청하는데 도움이 되며, 신학교로서 명성이 더 올라갈 것 같고 학생모집에도 도움이 될 것으로 생각하였다.

고국을 떠나온 지 오래여서 한글을 잘 쓸 줄 몰라 애를 먹다가 강승수 목사의 부인인 강지나 사모가 골든게이트 목회학박사 과정 입학 때 영어로 제출했던 카리브복음신학원 설립목적을 한글로 번역해 주어 해외선교부의 허가를 받았다.

초창기 주 강사진은 88 세계선교대회 시 만난 목사님들이었다.

2004년 1월 20일부터 21일 양일간 영락교회 2대 목사를 역임하고 LA '믿음의 집'에서 사역 중이던 갈보리교회 박조준 원로목사를 초청하여 쿠마나 목회자 컨퍼런스를 열었다. 4성 호텔인 Hotel Barcelo(발셀로)에서 현지목사 100쌍을 초청하였다. 초청강사로는 박조준 목사, 박영희 목사, 이필재 목사, 황이식 목사 그리고 내가 맡았다 이런 컨퍼런스는 $10,000 정도로 돈이 많이 들지만 박조준 목사팀이 담당하여 쿠마나 지역 목사님들을 깨우치고 목회 철학을 소개하는 중요한 기회였고 중앙침례교회

박조준 목사팀

가 지역발전에 기여하는 기회가 되었다.

신학원 안에 설립한 예수생명교회

2005년 6월 카리브복음신학원 학부교수로 David Meza & Ruth de Meza(다윗 메사와 룻 메사 부부)를 초청했다. 새 건물에 방 3개 화장실 2개를 짓고 평생 함께 사역할 것을 약속받았다.

12월 5일에는 베네수엘라 카리브복음신학교 건물에 Hay Vida en Jesus(예수생명교회)를 창립하였다. 새 집에 살며 전도사역을 도왔던 다

윗 메사가 괘씸하게도 2년 후인 2007년 6월 쿠마나제일침례교회로 옮겨 갔다. 특히 신학교 교육으로 도움을 주었던 에프란 이에구에와 호세 그레고리오 렌헬들이 제일교회 Reina Bermudes De Gamboa(레이나 벨무데스 데 감보아) 등과 합작하여 데려갔다. 무엇보다도 남미사역자들이 아니 40대 젊은 세대가 줏대가 없고 상업적이라 슬펐다. 더 나은 조건이 나오면 이전의 약속은 모르쇠다.

"네 하나님 여호와를 기억하라 그가 네게 재물 얻을 능력을 주셨음이라 이같이 하심은 네 조상들에게 맹세하신 언약을 오늘과 같이 이루려 하심이니라." (신명기 8:18)

2011년 8월 2일 Efran-Irlina(에프란-일리나) 결혼 주례를 했다. 에프란은 제일침례교회 청년이고 일리나는 중앙침례교회 자매로 쿠마나에서 제

Efran-Irlina(에프란-일리나) 결혼식은 새 성전이 완공되고 센트럴 에어컨도 설치 된 후 치른 아름다운 행사였다.

일 좋은 중앙침례교회에서 결혼을 했다.

내가 개척한 다른 교회에서 만난 이들이 내가 개척한 교회에서 결혼을 한다는 사실이 나로서는 말할 수 없는 감격이었다. 에프란은 카리브신학교 목회학 석사 후 제일침례교 목사로 봉사하다가 현재 Spain

Alovera(스페인 알로베라) 교회 개척 중이다.

예수연합교회가 차베스 정권의 사회주의와 공산주의 포퓰리즘으로 파괴되었다. 차베스는 1999년 집권한 후 사회주의/공산주의 포퓰리즘으로 이어갔다. 브라실 술교회 '예수연합교회'는 1,000평방미터 대지에 철조망 벽으로 된 가건물을 가지고 있었다.

차베스가 공포하였다. '빈 터가 있으면 집을 짓고 살아라. 10년 이상 농장에서 일하는데 주인이 함께 살지 않으면 소작농민의 것이다.'

2002년 근처에 사는 판자촌 서민들이 벽으로 세운 철조망을 가져가는 바람에 예수연합교회의 담이 없어졌다. 근처에는 쓰레기가 쌓였다.

이제는 이 교회에 터를 일으킨 김종대 집사, 이동호 집사(침례교회는 장로제도가 없어 안수집사가 장로), 오인수 목사님 모두 천국으로 가셨다. 하나님만이 아시는 비밀로 이 교회에 재건축 기적이 일어나게 한 한 부부의 헌신과 희생적인 헌금으로 $30,000이라는 건축 자금이 모아졌었다. 당시 개인적으로 서 사람이 헌금하려고 김종대 집사가 계획하였는데 교회 프로젝트로 변하면서 6개월 정도 지정헌금을 하도록 계획하였다. 당시 전도사인 고석진/고현정 사모가 $10,000을 헌금하여 성령의 불길이 타올라 2개월 만에 $30,000이 모였다.

3 카리브복음신학원의 현지화

2014년 3월 초 타코마제일침례교회(최성은 목사) 선교팀 12명이 쿠마나에 사역하러 도착했다. 그들은 중앙침례교회, 가나안침례교회, 야나다연합교회, 카이구이레, 예수선한목자교회, 트레스피코 새생명교회, 브라실 술 예수연합교회 등에서 의료사역, 이발사역, 어린이사역, VBS 성경공부, 스포츠사역, 대학생사역 등 다양한 프로그램으로 쿠마나 교계

타코마제일침례교회 사역자들

어린이, 의료, 미용, 치유, 찬양 사역

를 섬겼다.

2014년 3월 24일 중앙교회 개척 기념일에 교회에서 결정하여 정○○ 목사에게 중앙침례교회를 맡도록 하였다. 그는 신학교 사역이 적성에 맞지 않았는지 미지근하다고 불만을 가졌고 재정지원 소스를 요구하였다.

신학교를 방문한 한인교수들의 잠자리와 식사를 제공하는 것과 카리브신학생들을 위하여 통역으로 봉사하는 것을 반대하는 등 봉사에 대해 완전히 다른 견해를 가진 소유자였다. 정 목사는 나와는 20년이나 차이가 나니 세대 차이가 날 수밖에 없었다.

그는 원로목사인 내가 예배에 참석하는 것도 달가워하지 않아 결국 중앙교회 예배에도 참석하기 어려웠다.

정 목사를 학사담당 부학장으로 임명하고 신학교에 있는 에어컨 6대를 중앙교회로 옮겼다. 그런데 새로운 학기에 강의가 시작하여 학사반은 니키타오 #42 전 신학교에서 강의하고 석사반은 중앙교회에서 강의하도록 조치하였는데 교실문이 열리지 않았다. 어찌된 영문인지 알아보니 정 목사는 알지 못한다고 하였다. 중앙교회로 옮겼던 6대의 에어컨을 다시 신학교 건물에 옮기며 중앙교회와 함께 신학교육을 공유하려던 계획은 접었다.

침례총회 해외선교부는 선교사들을 선발하여 선교훈련을 마치게 하고 현장으로 파송한다. 또 정○○ 선교사를 파송한다고 하여 당연히 선교훈련을 받고 오는 줄 알았다. 알고 보니 시간 상 훈련을 받지 않고 왔지만 곧 받으러간다고 했다. 그러는 사이에 내가 총을 맞고 쓰러졌다.

2013년 11월 13일 수요일 오후 9시였다. 우리 대학병원에서 응급수술을 받으며 지옥과 천국을 방문하고 귀환하니 하나님 은혜였다.

2014년 3월 24일 중앙교회 창립일에 정○○ 목사를 담임목사로 추대하였다. 자격이 되지 않는데도 어찌된 영문으로 파송선교사가 아니고 협력선교사로 였다. 그러나 그 후가 더 문제였다. 2개월도 채 안되어서 딸 졸업식이라 미국방문을 해야 한다고, 또 돌아와서 2개월도 안되어서 이번에는 할렐루야 본 교회 목사가 사임하여 목사청빙위원을 구성해야한다며 또 가야한다고 했다.

그 일은 교회 장로들이나 집사들이 할 일이지 선교사가 할 일인가 싶었는데 알고 보니 할렐루야 교회 담임목사가 될 마음이 있는 것 같았다. 하지만 뜻대로 되지 않았다. 마지막 3명에 끼이지도 못했단다. 나는 쿠마나로 오면 재정에 힘들까봐 목사관을 비우고 새 냉장고와 오븐을 넣고 내 토요타 SUV 자동차를 사용하게하고 비자가 나오도록 Empire Moto 동부 주재원으로 채용가능 하도록 조치하였다. 중앙교회 한 자매의 주선으로 거주증명서를 만들었다. 사모는 해산물을 좋아하지 않아서 소꼬리나 육식을 꾸리느라 야단이다. 사모가 해산물을 좋아하지 않는 것도 문제 같았다. 세월이 지나면서 정 목사는 강사 섬김이나 통역에 자신이 없고, 또 강사 목사님들 숙식 해결 등 선교사가 할 일이 아니라며 본인은 신학교에 관심이 없다고 했다.

　휴~~ 50대와 70대의 생각차이 같았다. 또한 지금까지 이룬 성과를 볼 때 많은 재정이 필요했을 텐데 소스가 뭐냐며 그것을 알려 달라고 했다. 무슨 얘기냐고 하니 자기가 경제학 전공이었다며 따지니 이 일을 어쩌나? 결별하는 수밖에. 덕분에 카리브신학교가 현지 목사들과 강사들로 현지화 하게 된 것은 생각할수록 하나님 은혜요 섭리였다.

　2014년 9월 가을학기부터 현지 목사만으로 강사진을 조직하였다. 하나님께서 선하게 협력하시어 카리브복음신학교가 오늘에 이르도록 인도하여 지금까지 19년째 성장하며 현지화에 성공하였다. 2016년부터 쿠마나 선교를 재탈환하여 운영자금 송금과 학사과정을 재정립하였다.

　우리 부부가 카리브복음신학원 건물에서 거주하니까 운영자금을 직접 전달하였지만 2017년 쿠바에서 베네수엘라 여권을 분실한 후 쿠마나로 돌아가는 것이 해결되지 않았다. 미국과 베네수엘라의 관계는 더욱 악화되었고 모든 미국내 베네수엘라 영사관이 지금까지도 폐쇄 중이어서 여권 재발급을 할 수 없는 상황이다. 송금관계를 베네수엘라 개인 연결고리나 총회 사무실을 통해 해결하고는 있지만 불편한 점이 많다.

4 카리브복음신학원의 발전

　2022년 가을학기에 총 132명이 졸업했다. 학사 1명 목회학 석사 7명은 쿠마나 캠프 졸업으로 매릴랜드 신학교 졸업장과 영사인 증서(Apostillos)를 받았다. 나머지는 특수 과정이다. Extension 캠프 졸업자는 Montañita(몬타니타) 19명, El Tigre(엘 티그레) 6명, Marigüitar(마리귀탈) 70명 쿠마나 본교 48명 이렇게 총 132명이다. 2023년 들어 베네수엘라의 인플레이션이 53%까지 되어 경제사정은 악

2022년 가을학기 졸업식의 모든 절차는 현지인 목사님들에 의해 이루어졌다. 아멘!

화일로라 젊은이들이 미국, 스페인, 캐나다로 떠나고 있다.

  60%는 고학력 전문직에 있던 이들로 베네수엘라의 정치, 경제, 사회적 상황 탓에 지난 15년간 160만 명이 기회를 찾아 해외로 나갔다.

  2023년 10월 대통령 야권단일화 예비선거 열기는 대단했지만 차베스 열기도 식을줄 모른다. 버스 요금 등 모든 곳에서 미화 달러를 요구한다. 어부들은 배를 운영할 수 없어 난리이고 모두 아우성들이다. 야당이 단일화에 실패하면 차베스 정권인 마두로가 계속 집권하게 될 것이다.

2024년 7월 28일 차베스 생일에 치룰 대선에서 베네수엘라 선거관리위원회(CNE)는 2023년 10월 야권 예비선거에서 90% 이상의 득표율을 얻은 마리아 코리나 마차도(María Corina Machado)를 대통령 선거에 출마 금지시키고, 외교관 출신의 정치학자로 전 아르헨티나 대사였던 에드문도 곤살레스 우루티아를 야당 단일 후보로 추진하고 있다.

2023년 2월 6일 카리브복음신학교 봄 학기가 시작됐다.

학사과정 20명, 석사과정 23명, 특수과정 14명 총 57명이 봄 학기에 등록했다. 아멘! 엘티그레 분교 특수과정, 몬타니타 6명, 본교 3명, 특수과정 14명이 등록하였다.

2024년 봄학기에 석사과정 18명, 학부과정 18명, 특수과정 6명, 선교훈련과정 17명 총 59명이 등록하였다. 쿠마나에 36명, 카리아코 분교에서 23명이다.

카리브복음신학원에서 수고한 강사들

2005년부터 2015년 사이에 카리브복음신학원 MDiv 목회학석사 강사로 오신 목사님들(존칭 생략): 강삼권 2번, 강승수, 갈시아용 2번, 김종환, 김학수, 김인환, 김임수, 김종호, 김형민, 김만풍 2번, 김태훈, 김흥찬, 권문선, 권석균, 권영국, 문종성, 박영희 3번, 박지흠, 서세원, 안석환 3번, 안준식, 오상준, 윤 사무엘, 윤여각, 이성권, 이요셉, 임도균, 임명수, 임용재, 손경원, 신동호, 신상윤, 신기황, 신인훈 3번, 양권훤 2번, 이영자 2번, 이재훈 3번, 이종오, 이시우, 이태환, 조낙현, 조수길 2번, 조준건, 장길준 2번, 전재혁, 정경석 여러번, 정명진, 정민근, 차길남, 최남용, 최지호, 최요한, 존초이, 한복만, 함준상 55명 중 8명은 2번 이상 강의 함.

제7장 GCF 글로벌 아동재단 급식 프로그램

어린이 급식 프로그램을 계속할 수 있는 것을 하나님께 감사드린다. 하나님께서는 어린이들을 먹이고 성경적 가르침에서 그들을 도울 수 있는 선한 일을 계속 축복하신다. 하나님은 영광 받으신다. 이 프로그램 GCF(Global Children Fund)는 새누리선교침례교회의 정경애 권사의 추천으로 이루어졌다.

1. 엘디께 지역 빌리바르도(Zona El Dique Bilibardo)

2022년 2월 7일에 시작한 이 프로그램은 예수축복교회에서 34명의 자녀가 참석하며 주 3일로 주당 $50을 투자했다. 그러나 예산 부족으로 현재 25명 어린이에게 일주일에 이틀을 제공하고 있다.

프로그램의 성과
① 어린이들의 교회, 주일학교 및 특별활동 편입.
② 부모들의 복음화와 메시지 관심 유도.
③ 균형 잡힌 식단으로 아이들 성장 발육에 도움.
④ 기독교 가치관의 전달로 더 나은 행동과 언어 사용을 가능케함.

② 카이구에레(Caigüire)지역 예수선한목자교회

이그나시오 마르카노 목사 보고 프로그램이 성공적으로 진행되어 어린이와 지역 사회에 큰 축복이다. 2세에서 13세 사이의 어린이에게 목요일과 토요일에 제공한다. 매월 $200로 년 예산은 $2,400이다.

프로그램의 성과
① 읽기, 쓰기 및 계산 수업을 받아 실력 향상.
② 2022년 8월 1일부터 8일까지 여름 성경학교에 급식 프로그램에 참석자 포함 56명의 어린이가 참석. 이 활동에서 17명의 청소년들이 예수를 위해 신앙의 결정을 내림.
③ One Hope의 『The Champion』 책으로 성경을 연구하여 성경 구절 읽기, 쓰기 및 암기 실천.
④ 2022년 매달 $200을 받았음. 금년 지원받은 금액은 $2,000.

③ 토마스(Tomás Azocar) 베베데로(Bebedero) 지역

베베데로 지역 G.C.F 프로그램 혜택자는 24명이다. 2세에서 12세까지 27명의 어린이들에게 매주 2번 쿠마나 제일침례 교회의 어린이 교실에서 점심을 제공한다. 어린들은 베베데로(Bebedero) 지역과 일부

인접 지역 (Av. Panamericana)의 공동체에서 선발된다. 점심 식사는 쿠마나제일침례교회 어린이 교실에서 이루어지는데, 그곳에서 먹는 아이들을 관찰하고, 그들이 수혜자임을 보장하고, 체중과 크기를 통해 발육상태를 관찰한다.

프로그램 성과
① 아이들의 영적, 정서적 도움에 스며드는 어린이 및 대표자들과 더 가깝고 신뢰할 수있는 관계가 이루어짐.
② 긍정적인 체중 증가 어린이의 영양 상태 개선.
③ 정신/영적 운동 발달은 음식을 섭취하는 어린이에게서 성취.

4 알레한드라(Alejandra Cañas) 라코피타(La Copita) 지역

Zona La Copita, Seminario Evangélico del Caribe.
이 프로그램은 카리브복음주의 신학교 (SEC)의 시설에서 진행되며, 음식 준비는 안드레아카냐, 호산나로드기게스 및 호세토발 이렇게 세 사람이 돌봐준다.

화요일, 수요일 및 목요일에 점심을 제공하며, 메뉴는 준비에 따라 다르다.

메뉴는 닭고기가 든 쌀밥, 쇠고기를 곁들인 파스타, 수프, 쌀이나 파스타로 조림 한 닭고기가 있다.

캐러타와 잘게 썬 생선을 곁들인 쌀밥, 날 것 또는 조리된 샐러드와 동물성 단백질, 바나나, 과일 등이 들어간 쌀밥 등이다. 영양사들은 프로그램 개발을 위해 한 달에 $200을 받는다.

프로그램의 성과
① 부모와 보호자에게 어린이 지도지침 제공하여 교육에 도움.
② 어린이 27명이 혜택을 받음.
③ 수혜자 자녀의 가치, 규범 및 습관 강화.
④ 성경적 제자도를 전해 전도의 길 예비.

5 훼이알레그리아(de Fe y Alegría) 지역

이 프로그램은 쿠마나중앙침례교회에서 수행되며 2022년 8월, 9월, 10월 중순에 해당된다. 일주일에 2번 3세에서 12세 사이 33명 어린이가

참석하며, 음식은 성장과 발달에 필수적인 비타민과 미네랄을 제공하는 단백질, 곡물, 채소 및 과일을 함유해 균형이 잡혀있다.

프로그램 효과
① 음식은 어린이의 신체 발달과 기분에 긍정적인 영향을 미쳤고 통계 수치로 발육 상태 확인.
② 33명 참석 어린이들의 육체적, 정서적, 영적 개선에 대한 증거는 그들이 복음화를 통한 상호작용을 통해 알 수 있음.
③ 아이들의 적극적인 참여로 정서적 상호 작용 향상.
④ 프로그램을 통해 10월에 두 명이 성년 (12세)에 도달해 졸업했으며 31명의 어린이가 참석할 예정.
⑤ 프로그램 재무 보고
매달 $200, 년 총 $2000을 지원받으며 쿠마나중앙침례교회 시설에서 수행된다. 받은 총액은 미화 $10,000로 2023년 초까지 연장된다.

제8장 쿠마나 단기선교와 후원

1 쿠마나 단기선교 오신 팀들

1990년부터 2013년 사이에 쿠마나 단기선교여행 오신 팀들:

달라스제일침례교회 1991년, 1994년(손영호 목사), 남가주새누리교회 1991년(박성근 목사), 밴쿠버 한인 침례교회 1996년(한바울 목사), 밀워키침례교회 1997년(왕남안 목사), 콩코드침례교회 2003년(길영환 목사), 리버사이드침례교회 2007년(서세원 목사), 타이드워터침례교회 2008년-2009년 2번(조낙현 목사), 아르헨티나장로교회 2009년-2012년 3번(이재훈 장로/교수, 나철호 목사), 타코마제일침례교회 2014년(최성은 목사).

2 단기선교 세 분의 활약

1994년 7월 강승수 목사의 인도로 달라스제일침례교회(손영호 목사)의 박한성 전도사 등 20명이 쿠마나로 선교여행을 왔다. 1991년 단기선교에 참여했던 전도사님들이 목사가 되었다. 달라스제일침례교회는 강승수 목사님 인도로 쿠마나에 다시 왔다. 찬양팀, VBS 어린이반, 의료반, 이발/미용반, 사진반 등 잘 꾸며진 팀이었다.

1990년대에 쿠마나중앙침례교회와 지역사역에 큰 영향을 끼치며 크게 도움을 주신 세 분이 계시다.

처음 분은 밀워키침례교회의 왕남안 목사다. 당시 해외한인침례교회 해외선교부 총무인 손영호 목사 소개로 왕 목사님이 쿠마나로 선교를 왔다. 그 목사님은 중앙침례교회, 가나안교회, 몬타니타교회, 카이구이레 교회, 야나다교회, 트레스피코 교회들을 순회하면서 말씀사역으로 선교지에서 열강을 해주셨다.

남미 목사님들은 성경해석으로 짧은 강해설교인데 왕 목사님은 주제설교로 청중을 웃기고 울리며 영혼을 사로잡는 귀한 목사님이시다. 최근에는 수양회나 선교대회에 오셔서 왕 목사님은 척추 교정하시고 왕 사모님은 얼굴 주름 펴주고 주근깨 뽑아주면서 목사나 선교사들을 도우신다.

두 번째 분은 플로리다의 Ocala Heart Vascular Institute(오칼라 심장병원) 병원장이신 Peter Chung(정수영) 박사시다.

그 집사님은 방학이 되면 게인즈빌 플로리다(University of Florida, Gainesville) 대학생팀을 이끌고 4년 동안 계속 중앙교회를 방문하여 Drama, Mimic, Praise the Lord 등으로 청소년을 훈련해 중앙교회가

정수영 집사 사역

정수영집사 UDO 찬양 드라마 사역

급성장하는 계기를 마련하였다. 덕분에 쿠마나 근처 군부대, 형무소, 중고등학교, 대학교 등으로 사역을 확장하며 선교에 큰 도움을 주었다.

마지막 해에는 중앙교회 청소년들과 호텔에서 합숙하며 모든 것을 전수해 주시었다. 아직도 아쉽다. 쿠마나 사역을 접으시고 휴양 차 베네수엘라를 방문하였는데 쿠마나에는 오지 않고 카나이마 엔젤 폭포와 로스로케 섬을 돌아보시고 가셨는데 도움을 주지 못하여 가슴쓰리고 후회막급이다.

1999년부터 2004년까지 초대교회 선교팀 최휘웅 집사(후에는 장로)와 동영숙 권사 부부의 쿠마나 의료사역과 사회봉사 사역은 중앙침례교회를 일으켜 베네수엘라 선교에 불을 붙여 주며 더욱 활성화 하게 해 주었다.

그분들을 처음 만난 날은 잊을 수가 없다.

1998년 쿠바 선교 정보 획득 차 나는 멕시코 시에서 메리다 유카탄으로 가는 비행기에 타고 있었다. 내 옆에 앉은 분이 바로 초대교회 선교팀 최휘웅 집사님이셨고 그 분이 껌을 주었다.

내가 "감사합니다." 라고 하자 그 분은 "아이구 한국분이시네. 멕시코

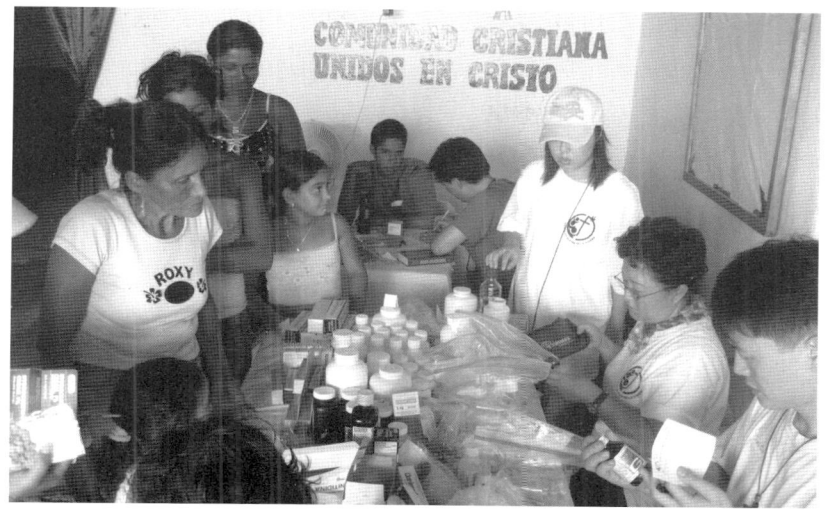

NJ 초대교회 의료선교 사역

사람인줄 알았습니다."라고 하였다. 나는 수염을 기르고 있어서 많은 사람들이 나를 남미사람으로 여기고 있었다. 어떻게 쿠마나로 오시게 되었는지 유카탄 한인후손들 의료사역을 통역으르 3일간 도와주면서 교제하며 쿠마나 선교현황와 해양연구소 사정을 야기하였다. 다음 해부터 계속하여 4년간 쿠마나 선교를 오셨다.

강세흥 장로님은 크마나에 여러번 방문하였지만 현 신학교건물 구입시 $20,000을 헌금하였고 기도로 물질로 지금까지 변함이 없다.

이동호 장로님은 ㅋ리브신학 건물 보수비로 $5,000 헌금하셨고 우리가 미국을 방문할 때마다 해병기독 전우회원들과 교제하도록 도우셨다. 최휘웅 장로님은 초대교회가 4년에 걸쳐 쿠마나에 사역하도록 협력하였고 특히 2003년에는 쿠바 한인 후손들을 방문하였다.

당시 미국에서 쿠바에 가는 비행기도 없고 방문할 수도 없어 미국-베네수엘라-쿠바-베네수엘라-미국 코스로 쿠바 한인 후손들을 방문하였다.

2018년 3월 2일 나이 80세로 이동호 안수집사를 천국으로 보내드렸다. 콩코드교회에서 열린 천국환송예배에서 강세흥 장로가 이력을 보고하고 내가 추도사를 하였다.

오랜 시간 내 선교사역을 도와주신 존경하는 집사님을 보내드리며 천국에서 만날 것을 약속하였다.

베네수엘라 선교를 위한 기도

　베네수엘라는 종교의 자유가 많아 이단을 포함해 중구난방이다. 개신교 중에는 오순절 교단이 대부분으로 80% 이상이고 독립교단으로는 침례교가 16% 정도로 가장 많다. 전통적인 장로교, 감리교, 성공회 등의 활약은 미미하다. 세례방식이 가톨릭과 유사하며 모든 개신교는 침례를 선호한다. 성령의 역사가 중요하지만 말씀도 중요하므로 성령 체험과 말씀 은혜가 공존하도록 두 손을 모으자.

1. 2024년에 대선에서 승리한 새 정부의 정치, 경제, 사회가 모두 제자리로 돌아가 선교에 도움이 되도록.
2. 현재 엉망인 경제가 되살아나 정치, 사회가 안정되어 교회도 살아나도록.
3. 국가 통제가 군사 정권이라 통제보다는 자유, 자유보다는 성경중심의 선교를 할 수 있도록.
4. 보안이 엉망이고 범죄 집단이 수사당국과 결탁하여 복음만이 살길이기에 예수님의 가르침이 중요하다. 이러한 어려움을 통해 교회들이 하나님을 더 찾을 수 있도록.
5. 선생님들이 외국으로 탈출하여 학교에 선생님들이 없다. 이때에 교회들이 믿음의 교육뿐 아니라 나라 전반에 거룩한 영향력을 끼치도록.
6. 오래 지속되어온 사회주의 영향 안에 있는 국민들이 진리 안에 자유 할 수 있도록.
7. 놀라운 부흥과 변혁이 일어나 많은 선교사를 파송해 중남미에 큰 영향력을 끼치는 선교 국가가 될 수 있도록.

2001년 3월 25일 마나티 항구에 새워진 이민 기념비

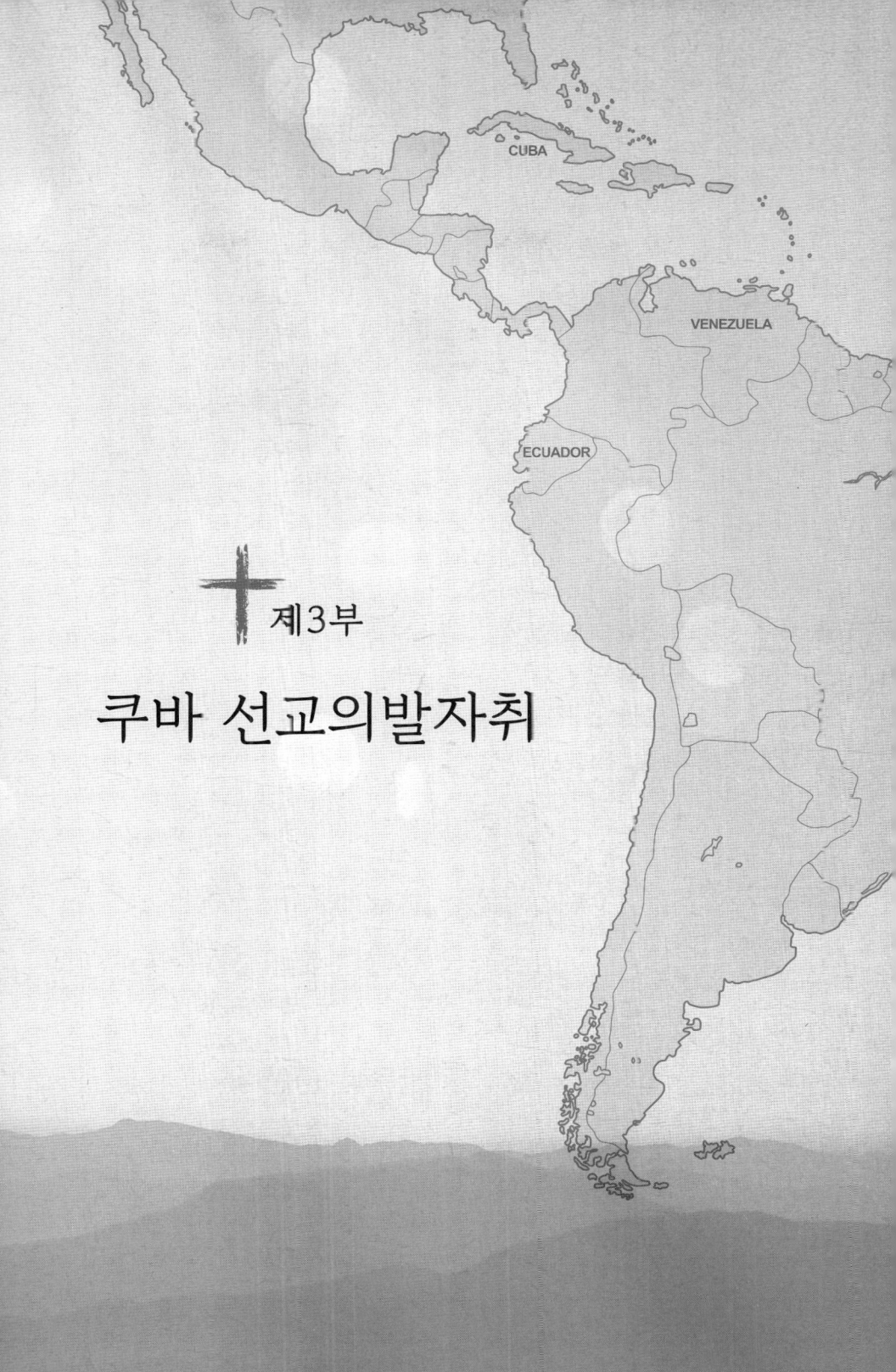

제3부

쿠바 선교의 발자취

수 도	아바나
언 어	에스파냐어
화폐단위	쿠바 페소(CUP, $MN)
면 적	1,098만 8천㏊ 세계106위 (2021 국토교통부, FAO 기준)
인 구	1,117만 4,587명 세계85위 (2024 통계청, UN, 대만통계청 기준)
기 후	열대성 기후로 연평균 기온은 25.5℃이며, 기온의 변화는 적지만 5월~10월은 우기, 11월~4월은 건기로 강수량의 구분이 뚜렷하여 열대 식물과 야생 동물이 살기 좋은 환경이다. 카리브 해와 마주한 남쪽 지역은 무덥고 햇볕이 강하며, 대서양을 바라보는 북쪽 지역은 비교적 서늘하고 날씨 변화도 심한 편이다.
종 교	가톨릭 85%

쿠바
República de Cuba

약칭 쿠바(Cuba)는 아메리카 유일의 사회주의 국가다. 1903년에 미국 해군 기지가 설치되는 등 미국 자본이 쿠바의 중추 기능을 장악해 쿠바는 사실상 미국의 식민지가 되었다. 1959년 피델 카스트로로 인해 공산화된 후 그가 쿠바 내 미국 자산을 국우화하자 미국은 1961년 국교를 단절하고 대사관을 폐쇄했다. 그 후 미국이 쿠바를 침공했으나 실패하며 다시는 침공하지 않기로 약속했다.

쿠바 정부는 지난 30년 동안 국제사회로부터 인권 침해로 비난받아 왔다.

2014년 53년 만에 미국과 국교정상화를 선언해 미국은 아바나에 대사관을 재개관하고 여행, 송금 제한 완화와 미국 금융기관이 쿠바 계좌를 개설할 수 있도록 하며 제재 수위를 낮추었다.

수도는 아바나이며 15개 주와 1개의 특별 행정구역이 있다. 공용어는 스페인어고 화폐는 페소(Peso)로 현재 미화 $1은 공정환율로 24페소다. 암시장에서는 200페소이상이다.

쿠바 문화는 스페인고ㆍ아프리카, 특히 요루바(현재의 나이지리아) 전통 문화로부터 영향을 받았다. 헌법상 국교는 없고 종교가 자유로우나 로마 가톨릭교가 대다수고 개신교도 소수 존재한다. 그러나 교회 등록은 허락하지 않는다. 정부에서 허가하면 야외 종교집회를 열 수 있고 개신교와 가톨릭교 신자도 공산당에 가입할 수 있다.

헤밍웨이 박물관은 아바나에서 멀지 않은 어니스트 헤밍웨이가 살던 집에 있다. 한국은 6.25 전쟁 때 쿠바의 경제 원조를 받았지만 공산주의 정권이 들어서며 외교관계가 없어서 멕시코 주재 대사관에서 쿠바 교류를 담당하다 2024년 2월 14일 정식 수교하였다. 2005년 KOTRA 무역관이 개관해 현재 연간 5,000여 명의 한국인이 쿠바를 방문하는 등 민간차원 교류가 이루어지고 있다. 조선민주주의인민공화국과 1960년에 수교하였다.

제3부

쿠바 선교의 발자취

제1장 쿠바 이민과 선교

1 쿠바 이민의 시작

1903년 멕시코 유카탄 에니껜 노동자 이민을 떠났던 이주자들이 멕시코, 과테말라 등에서 일하다 그 중 300여 명이 1921년 3월 25일 쿠바 마나티 항에 도착하며 한인의 쿠바 이민은 시작됐다. 16년 전인 1905년 제물포항에서 멕시코 유카탄 반도를 향해 고국을 떠난 1,033명의 '에니껜 한인'들 중 일부가 새로운 기회를 찾고자 쿠바로 재이민을 간 것이다. 이 이민자들 대부분은 한반도에서 태어났으나 그 중에는 멕시코인과 결혼해 낳은 혼혈아도 있었다. 당시 한인들이 타고 간 타마울리파스 호는 증기선이었고 이들은 멕시코 비자로 쿠바에 첫 발을 디뎠다.

이주자들은 멕시코의 선박용 밧줄 원료인 에니껜 농장의 혹독한 환경과 에니껜 선인장의 억센 가시를 피해 조금이라도 형편이 나은 쿠바 사탕수수 농장에서 일자리를 찾을 수 있을까 기대했으나 공교롭게도 한인들이 도착할 무렵, 1차 세계대전 후 설탕의 수출가격이 폭락해 쿠바 경제가 침체되고 있는 시기라 그들은 또다시 쿠바 수도인 아바나 부근의 에니껜 농장에서 일해야 했다. 현재 1,820여 명의 후손이 6대째 쿠바 곳곳에 흩어져 살고 있다. 대부분의 한인 후손들은 서부지역(아바나, 마탄사스, 카르데나스) 중부지역(시에고데아빌라, 카마구이) 동부지역(마나티, 홀긴, 마르카네)등 8개 지역에 산재한다.

쿠바 한인들은 미국 신문이나 재미동포들과의 서신에서 3·1운동 후 본격화한 해외 독립운동 소식을 접했고 1923년 대한인국민회를 결성해 독립운동에 나섰다. 모국에 대한 독립 열정은 쿠바 한인을 하나로 뭉치게 해 농장에서 번 돈 일부를 상하이(上海) 임시정부와 광복군 독립운동 자금에 보탰다.

한글 교육기관을 세워 후손들에게 우리말과 역사도 가르쳤지만 1940년 한인도 쿠바인으로 포함하는 쿠바 헌법이 제정되어 후손들의 현지화가 됐다.

2 쿠바 선교의 시작과 성장

나는 1987년 처음으로 쿠바 Habana(아바나)를 방문하였다.

아바나에서 CUBAMAR(쿠바 해양)이라는 주제로 남미해양컨퍼런스가 열려 거기에 참석하기 위해서였다. 당시 쿠바여행은 항공권과 호텔 숙식 등이 함께 판매되는 패키지여행이었다. 방문목적이 뚜렷했지만 증빙서류가 필요하였다.

나는 경제적으로 3성급인 카프리스 호텔을 선택하였다.

베네수엘라 카라카스에서 아바나 공항에 도착하여 입국수속 라인에 서니 한 관리인이 패키지를 요청하였다. 나는 처음으로 방문한 쿠바의 입국수속에 놀랐다. 입국수속관 앞에 들어가니 문이 철석 닫혔다. 모든 서류와 패키지와 서류를 검사한 후 "Bienvenido Cuba!"(쿠바 오신 것 환영합니다) 하면서 입국 단추를 누르니 반대쪽 문이 열렸다. 방문자는 많지 않았다. 공항 밖으로 나오니 차량이 대기하고 있었고 호텔 카프리스에 입실하였다. 내 방은 9층이었는데 방에 들어서니 창틀은 너무 오래되었고 페인트가 벗겨져 있었다. 샤워를 할 때 압력이 너무 약해 물이 잘 나오지 않았다. 밖으로 나오니 바로 Malecón(말레콘) 해변이었는데 웃통을 벗은 청년이 상의를 요구한다. 무서운 느낌이 들어 곧장 호텔로 돌아왔다. 그때 상의를 벗어주지 못한 것이 마음에 걸린다.

아침식사는 호텔에서 점심은 회의장에 준비되었고 회의가 끝나면 호텔로 와서 저녁을 먹고 자는 스케줄이었다. 컨퍼런스가 끝난 후 호텔에서 공항까지 라이드를 주었다. 첫 쿠바방문에 얻은 인상은 모든 것이 조정되어 살기 힘든 나라라는 느낌이 들었다. 그때 그곳에 한인 후손들이 살고 있으리라는 것은 까마득히 모르고 있었다.

1997년 당시 베네수엘라 쿠마나에서 살았던 최규성 사장이 쿠바에서 수산업을 하고 있었다. 쿠바정부 51% 투자, 개인사업 투자자 49%로 당시로는 획기적인 조건이었다. 주로 해삼, 낙지, 문어를 잡아서 판매하는데 모든 선원은 쿠바인이어야 했다.

최 사장은 나를 쿠바에 초청하여 사업서류 검토와 조언을 구하였다. 당시 가정식당이 허용되어 좋은 해산물 음식을 싼 가격으로 먹을 수 있

한인 후손들 만남

한인회장 임은조, 동생 마르다 부부, 남편(가운데)이 한인 이민사 저술

었다. 그때 한인 후손들 얘기가 있었지만 잘 몰라서 다음 기회에 알아보기로 하고 미루었다.

1998년 초 한인 후손들 선교에 관심을 갖고 다시 쿠바에 들어갔다. 최 사장 아들인 최지호 말에 의하면 그곳에 한인 후손들이 있으며 그들을 잘 알고 있는 이다윗 목사를 안다고 했다.

처음 3일간은 그의 집에 머물면서 이다윗 목사를 소개 받아 그 후 3일간은 이다윗 목사집에 머물렀다. 부인은 라스팔마스 스페인계통의 백인이었다. 그는 아바나 소재 개혁장로교회 목사로 그 교회도 방문하였다.

그러나 한인후손들 얘기에는 별 말이 없었다. 이 목사가 협력하는 Matanzas(마탄사스) 개혁신학교를 방문하고 아들이 사역하는 교회도 방문하였다. 가져간 옷들을 주며 내가 쿠바를 방문한 목적을 알렸다. 그러나 아무 소식이 없었다. 일주일의 방문이 말짱 헛것이 되었다. 후에 알고 보니 임은조 회장 동생 부부 Martha Lim & Raul R. Ruiz(마르다 임 & 라울 루이스) 집 근처도 지나갔었다.

1998년 중반 아무래도 마음이 끌려 다시 쿠바를 방문하였다. 베네수엘라 출발 전 최지호에게 국제전화로 한인 후손의 소식을 고대하며 단단히 부탁을 해두었었다. 반가운 소식이 왔다. 구 아바나 시가지에 쿠바정부가 동양식당을 운영하는데 그곳에 가면 한국 사람들을 만날 수 있다는 것이었다.

그 방문 때 아바나에 있는 아세아 식당에서 처음으로 한인 후손들 모임을 마련하였다. 모두 17명이 참석하였는데 모두들 Beef Steak(소고기 스테이크)을 주문해서 나는 깜짝 놀랐다. 쿠바인은 소고기를 먹을 수가 없다. 이유는 소 도살 발각 시 20년 징역이기 때문이다.

그곳에서 한인회장 Jerónimo Lim(임은조)를 만났다. 무슨 말 못할 이유가 있었는 지 모르지만, 이다윗 목사가 그동안 내가 그토록 한인들을 만나려고 애썼는데 왜 알려주지 않았는지 이해가 되지 않았다. 그 동안 경제적으로 시간적으로 낭비한 것에 섭섭한 생각이 들었다. 그 모임에는 그 식당 지배인인 한인회 서기 Pablo Park(파블로 박)도 참석하였다.

발간비헌금 전달식
오른편 이다윗 목사, 왼편 임은조 회장

그 결과 1998년 후반기에 시애틀연합장로교회의 박영희 목사와 강세흥 장로가 쿠바 아바나를 방문하였다.

Habana Reformed Presbyterian Church(아바나 개혁장로교회, 이다윗 목사 담임), Museo de Matanzas(마탄사스 문화회관), Museo de Cárdenas(카르데나스 문화회관)에서 쿠바 한인 후손들을 초청하여 대잔치를 열어주었다. 쿠바에서는 함부로 아무데서나 설교를 할 수 없는데, 박 목사의 인사말이 설교 같아서 혹시 앞으로 선교에 지장이 될까봐 마음을 조렸다. 그러나 이 방문은 대성공이었다.

대략 200명 정도로 추산되는 많은 한인 후손들을 만날 수 있었다. 아바나에 70여명, 마탄사스 60여명, 카르데나스 70여명이 참석했다. 그 중 중요한 인물은 임은조 부인인 Kristina(크리스티나)가 지방 판사, 임은조 여동생 Martha Lim(임 마르다)의 남편이 Raul R. Ruiz(라울 루이스)로 역사학자요 대학교수인데 그가 쿠바 한인이민사(Coreanos en Cuba)를 쓰고 있다는 소식이었다.

당시 쿠바에서 사용하는 컴퓨터 버전이 이지(Easy)였는데 워드와 호완이 되지 않았고, 전국에 얼마나 많은 한인 후손들이 사는지 정확하게 알 수 없다고 했다. 쿠바 한인이민사 책은 라울과 부인 마르다의 공저로 2년 후인 2001년에야 출판되었다. $2,000의 힘이었다. 왜냐하면 모든 출판

사는 국유이고 기름칠을 하지 않으면 언제 나올지 모른다.

시애틀연합장로교회에서 이일성 부부를 쿠바 선교사로 임명하였다. 쿠바는 선교사역을 할 수 없어서 우리는 그들을 '문화선교사'라고 불렀다. 1999년 말 이일성 부부가 베네수엘라 쿠마나에 체류하기 시작하며 쿠마나중앙교회에서 선교사로 수련하고 2000년 초 쿠바 임지로 떠났다.

이일성 부부는 쿠바 아바나에 거주하며 아바나, 마탄사스, 카르데나스 세 곳을 일주일에 한 번씩 순회 방문하고, 각 도시에서 2일 씩 머물면서 선교-전도-한글교육 등으로 선교 활동에 힘썼다. 한국음식과 한국 전통음악 등도 소개해 주었다. 선교사 부부가 3개월마다 쿠바로 떠나고 돌아오는 번거로움을 해결하기 위해 최규성 사장이 선교사를 수산회사 임원으로 등록하여 영주권 문제를 해결하였다. 그러나 2002년 10월 경 이일성 부부가 건강이 악화되어 쿠바에서 돌아오게 되었다.

한인회를 정부기관에 등록하면 자동차를 구입할 수 있고 사무실도 대여 받을 수 있겠다는 꿈이 사라지니 허탈하였다. 개인이 사비로 사무실을 렌트할 수 없고, 쿠바정부가 등록된 외국인 단체들에게 사무실 공간을 주고 전화선도 연결해주고 있었다.

그 당시 나는 쿠바에 1년에 4-5차례 방문을 하였는데, 한 번은 쿠바 정보부에서 오라고 했다. 그들은 나에게 쿠바 방문 목적을 추궁하였고, 북한 영사관에서도 연락을 받고 보니 몸이 오싹하고 걱정이 되었다. 그때는 당분간 쿠바 방문을 자제하기로 마음먹었다.

3 쿠바 한인 후손의 모습

1953년 시작한 쿠바혁명이 1959년 성공하자 경제적으로 부를 축척한 한인 후손들은 미국이나 다른 나라로 떠났지만, 쿠바 한인 역사와 함께 남아 있는 후손들ㄷ 현재 1,820여명으로 6대째 살고 있다. 그들 중에는 공학사, 의사, 변호사, 군장교 등 쿠바 국민 중 상위급 지도자층이 많았다. 한인들의 교육열은 타고났는지 지금이나 다찬가지였나 보다.

나의 쿠바 방문 초창기였던 2000년대, 한인 후손들이 나를 기다린 이유는 재정적 도움도 도움이지만 의약품으로 특히 항생제였다.

시애틀연합장로교회에서 김은조 회장과 함께

초기 아바나 방문 때 안토니오 회장

베네수엘라는 차비스정권이 들어서면서 공산주의-사회주의 포퓰리즘이 대단하였다. 수입 상품들이 넘쳐나고 약국에서도 처방 없이 무엇이든지 살 수 있어서 그것은 마치 1960-70년대 한국과 같았다.

쿠바 각 지역에는 한인 후손 의사가 있어서 나는 가져간 의약품들은 그들 의사들을 통해 한인 후손 환자들에게 분배하도록 하였다. 또한 베네수엘라는 2중 환율제로 수입품들이 다양하고 생활필수품 가격이 상당히 저렴하여, 보따리 장사들이 한 몫을 보던 시기였다.

2중 환율제란, 국가중요 사업이나 국민건강을 위한 제품들이나 항공료는 기본환률 Bs.4.3 대 미화 $1, 사치품이나 불요불급한 것들은 자유환률제로 Bs.8 대 미화 $1, 그 후 자꾸 올라 Bs.10 대 미화 $1과 같았다.

인플레션은 계속되었으나 유학생 생활비와 수업료도 Es.4.3 대 US $1과 같은 기본환율제였다. 따라서 카라카스 한인들 중에는 밀리어네어가 나오고 좋은 주거 지역에 위치한 단독주택이나 펜트하우스 등 고급주택을 구입하는 횡재를 만끽하며 복을 누렸다. 나도 그 혜택을 받았다.

베네수엘라에서 사역을 하면서 골든게이트 신학원에서 공부한 기간이 7년으로, 그때 모은 미화로 지금의 선교 사역 경비까지 축적하도록 하였으니 그야말로 하나님의 큰 은혜다.

그나마 자유롭던 쿠바방문이 코로나 전염병 확산으로 2018년 후반부터 전면 금지되었다가 2021년 10월 해제되었다. 토론토에 있는 은혜와 평강교회와 뉴욕 소재 기쁨의강 교회, 카리브복음선교회 등이 쿠바방문을 재개하였다.

몇 년을 쉬다 다시 열린 기회가, 쿠바 한인 후손들을 위한 돌봄이 구제라는 소극적인 사역에서 벗어나 '쿠바를 예수님께로' 확산되도록 두 손 모아 기원하고 있다. '주여! 생활필수품 부족과 생사의 기로에 서있는 한인 후손들을 보살피고 끌어안을 수 있도록 지혜와 건강과 기회를 주시고 특별한 복을 내리소서! 할렐루야!'

"오직 나는 여호와를 우러러보며 나를 구원하시는 하나님을 바라보나니 나의 하나님이 나에게 귀를 기울이시리로다." (미가서 7:7)

베네수엘라 중앙침례교회의 쿠바 선교

2000년 3월 2일부터 9일까지 쿠마나중앙침례교회에서 쿠바 선교를 시작했다.

플로리다에서 오셨던 정수영 집사님 팀에서 배운 드라마로 쿠바 카르데나스 제일침례교회(Joel Diaz 조엘 디아 목사)에서 선을 보이며 쿠바인들을 흥분시켰다.

드라마사역

4 쿠바 이민 80주년 기념

2001년 3월 25일 쿠바 이민 80주년을 기념해 쿠바 이민사를 발간하고 마나티 항구에 입항기념비를 세웠다.

2001년 3월 25일 마나티 항구에 새워진 이민 기념비.

5 쿠바 선교의 첫 세례자

2002년 1월 임은조 쿠바 한인 회장이 시애틀연합장로교회를 방문해 강세흥 장로집에 투숙하며 마침내 예수님을 영접하였다.

다음날 선교회 장르님들과 이일성 부부와 모임을 갖고 공개적으로 임은조 회장의 예수영접을 알리고, 그 다음날 변인복 목사 집례로 수요예배에서 세례식을 거항하였다.

6 쿠바 단기 선교의 시작

초대교회팀의 선교

2003년 11월 뉴저지 초대교회팀이 쿠바 한인후손들을 방문하였다. 한인회장 임은조와 7인승 렌트카로 서부지역 아바나, 마탄사스, 카르데나스를 지나 동부지역 마나티, 마르카네를 방문했고 나는 운전으로 도움을 주었다. 그곳 동부지역에서 우리는 그곳에 교회 개척의 가능성을 보고 몹시 기뻤다.

당시 미국에서 쿠바행 항공표 구입이 불법이어서 베네수엘라에서 항공표를 구입한 후, 베네수엘라-아바나-베네수엘라-미국 뉴저지로 돌아가는 그들에게는 고행길이었다. 쿠바 선교의 목적이 하나가 되기를 기도했다. 초대교회는 개미작전으로 개인복음전도 구원보다 교회 설립이나 대형사역을 원하는 것 같아 1회용으로 끝나는 것이 아쉬웠다.

카르데나스 제일침례교회 조엘 목사님의 환영

베네수엘라 중앙교회 선교팀과 조엘 목사   트럭을 개조한 당시 사용한 버스 '구바구아'

클리블랜드 한미장로교회 팀의 선교

2007년 5월 클리블랜드 한미장로교회(김○○ 목사)가 쿠바를 방문하였다. 김 목사는 골든게이트 신학원 목회학 박사과정의 신기황 목사와 동문으로 신 목사가 추천하여 오게 된 것이다. 당시 개인차량 렌트방법을 알지 못하여 국가소유 렌트차로 함께 서부지방 동부지방을 순회하고 다시 아바나 공항에서 출국하였다. 고가를 지불하였지만 단시일에 쿠바 전역을 돌 수 있는 장점이 있었다.

두 번째 7월에 다시 올 때는 홀긴으로 들어와서 동부지역, 중부지역, 서부지역을 순차적으로 방문하고 아바나 공항에서 출국하였다. 일주일간의 방문으로 8개 지역에 거주하는 한인 후손들 방문이 가능하였지만, 한 지역에 집중 선교하는 것이 더 효과적이라는 결론에 도달하여 클리블랜드 한미장로교회는 동부를 선택하였다.

2008년 초 홀긴지역만 방문하도록 결정되었다. 나는 이 지역을 점검하면서 전에 머물던 페랄타 외국인 민박집 토다는 장소도 시가지 중앙이고 가격도 저렴하며 인터넷 연결도 가능한 곳을 찾았다. 그런데 그들은 전에 갔던 민박집으로 간다고 했다. 가격이 하루에 $15이라 다른 곳의 반값이고 조건도 너무 좋다고 하여도 듣지 않았다. 알고 보니 영어통역관 2명도 고용하고 달러 교환도 약속한 후였다.

결국 현지 선교사의 도움 없이 단독으로 사역하려다 마르카네, 마나티, 홀긴에서 4일간 사역하면서 $2,000 정도 손해를 보았다. 아까웠다. 그 돈이면 얼마나 많은 일을 할 수 있을 텐데, 왜 그럴까 곰곰히 생각해 보았다. 어쩌면 한국 목사님들은 팀 사역에 익숙지 않고 혼자서 깃대를 꽂으려는 경향이 있는 것은 아닌가 싶었다.

"내게 주신 하나님의 은혜를 따라 내가 지혜로운 건축자와 같이 터를 닦아 두매 다른 이가 그 위에 세우나 그러나 각각 어떻게 그 위에 세울까를 조심할지니라." (고린도전서 3:10)

한국 팀의 쿠바 방문

멕시코 민주식 선교사의 소개로 한국 팀이 쿠바 한인 후손들을 방문하였다. WPM World Patrol Mission(세계순회선교회) 김형민 목사 내외, 배정식 목사 내외, 이호석 장로와 목사 부인, 민주식 선교사, 김혜영 콜롬비아 선교사, 북가주 샬롬교회 민찬식 그리고 나를 포함하여 모두 8명이 하는 선교였다.

1인당 $800로 민박, 식사비, 차량비 모두 포함한 가격이었다. 차량은 8인승이며 짐을 다 실을 수 있고 에어컨도 좋았다. 김형민 사모와 배정식 목사의 듀엣 찬양은 멋졌다. 워낙 자연환경이 멋지니 그것을 배경으로 사진 촬영이 많은 것이 마음에 걸리긴 했다. 어쨌건 아바나 민박집에 도착했는데 집이 맘에 들지않는다고 불만을 토로했다. 당시 Deauville(데아우비예) 호텔에서 부페로 식사를 하기로 했는데, 그 호텔이 수리중이라 반값으로 투숙자를 받아들여 다른 호텔은 하루 숙박료가 $300-500 정도인데 $230 정도였다. 안타깝게도 일행 중 2명이 선교비 $1,600을 지불하지 않아 차질이 있었다.

참가자 중 한 분은 성격이 급한 편으로 재정보고를 요구하더니 마음에 들지 않았는지 결국 모두 탈퇴하고 말았다.

2박 3일 남은 여정을 $1,600로 하고 남는다는 계산이었다. 2일간의 선교여정이 매우 중요한데 말이다. 아바나에서 제일 크고 아름다운 제일침례교회방문 후 Nardɔs(나르도스) 유명 식당어서 점심을 하였다. 한-쿠바 우정회관 방문과 돼지머리를 장만한 대잔치로, 아바나 유일한 한국식당에서 한국음식을 먹었다.

서부침례총회오- 아바나침례신학교 방문 등 침례인으로 방문처를 모두 버리니 쿠바 방문이 탄 토막이 났다. 내가 보기에는 돈으로 계산할 수 없는 위대한 가치인데 안타까웠다.

"그러므로 형제들아 주의 강림하시기까지 길이 참으라 보라 농부가 땅에서 나는 귀한 열매를 바라고 길이 참아 이른 비와 늦은 비를 기다리나니 너희도 길이 참고 마음을 굳게 하라 주의 강림이 가까우니." (야고보서 5:7-8)

토론토 한우리장로교회와 여러 교회들의 선교

쿠바 한인 선교 과정 중 어려운 점은 국제 정치관계다. 미국과 쿠바는 정치적 적대 관계로 직접 방문이 어려워서 당시 멕시코나 베네수엘라를 우회하여 방문하였다. 여러 번 방문하는 과정에서 알게 되어 직접 쿠바로 들어오는 편법도 활용하였다. 가족 방문만이 허용되었기에, 우리도 한인 가족이니 베네수엘라 여권으로 가족 방문 목적으로 관광 비자를 항공사에서 구입하기도 했다. 그 후 오바마 정권 때 열리나 했더니 트럼프 정권으로 꽉 막혔다. 그럼에도 불구하고 가족방문 목적으로 계속 한인들을 방문하며 관계를 돈독이 하였다 아멘!.

"누구든지 자기 친족 특히 자기 가족을 돌보지 아니하면 믿음을 배반한 자요 불신자보다 더 악한 자니라." (디모데전서 5:8)

내가 홀긴 방문 팀을 돌려보내고 쉬는 중 캐나다 토론토 한우리장로교회에서 10여명이 관광 리조트 단체프로그램으로 괄달라바카에 있는 여러 호텔 중 4.5성인 'Sol Rio de Luna y Mares(솔 리오 데 루나 이 말)'에 왔다. 최재만 목사님이 오셨고 그 중 5명은 선교여행 목적으로 온 것이다.

이정문 장로님은 이와 유사한 쿠바 리조트 여행을 여러 군데 하였고 선교에 열심이었다. 마르카네, 홀긴, 마나티, 카마구이 한인들을 둘러보았다. 캐나다-쿠바 정치관계가 원만하여 캐나다를 통한 새로운 한인 방문이 열리는 기회였다.

"여호와여, 주의 길을 내게 보이소서. 당신의 길을 가르쳐 주십시오. 당신의 진리로 나를 인도하시고 가르쳐 주소서. 당신은 내 구원의 하나님이시니이다. 나는 온종일 당신을 기다립니다." (시편 25:4-5)

그러나 코로나 열병으로 2018년 후반 쿠바가 꽉 닫혔다가 2020년 11월에 열렸고 이제 다시 쿠바전역으로 막 달리고 있다. 쿠바 서부지역은 바라데로 리조트 호텔에서 동부지역은 홀긴 리조트 프로그램을 통해서다. 할렐루야!

2020년 쿠바가 다시 열린 후 2023년 10월까지 유사한 프로그램으로 토론토 은혜와 평강교회(장동철 목사), 뉴욕 기쁨의 강교회(이영문 목사), 카리브복음선교회(정경석 목사 가족, 사모 한금자, 딸 정원아), 뉴멕시코 알

버커키 한미침례교회(윤성렬 목사)들이 방문하였다. 쿠바 서부지역은 바라데로 공항을 통하여 동부지역은 홀긴 공항을 거쳐서 입국한다.

아바나 입국이나 바라데로 입국-출국은 무난하였으나 홀긴은 문제였다. 장동철 목사는 호텔 투숙 중 쿠바 정보실에 불려가 취조를 받았다. 당시 쿠바 교회이름으로 등록된 자동차를 사용하였는데 관광으로 들어와서 종교 활동을 한다는 것이 꼬투리였다. 어떻게 알았을까? 알고 보니 호텔 정문 가이드가 바로 쿠바 정보원이었다.

호텔에서 나가는 시간, 들어오는 시간, 사용하는 차량정보 등을 정보부에 알렸는데, 나중에 알았지만 교회 차는 종교 비자 소유자만 탈 수 있다고 했다. 그래서 다음번에 올 때는 교회 이름표를 부착하지 않도록 부탁하였다. 나는 홀긴공항 출국 때마다 정밀검사로 몸수색은 물론 휴대가방도 검사 받고, 또 입국관리자에게 불려가 방문목적을 재검사 받곤 한다. 딸 원아드 출국 시 조사를 받았다. 수도 아바나와 바라데로는 현대식으로 확 바뀌었지만 시골 공항이라 옛날식이다

2023년 11월 28일부터 12월 5일 사이에 홀긴 브리사 데 괄달라바카 리조트 프로그램으로 쿠바동부로 들어갈 때 두 손가락을 크로스를 만들며 무사하도록 기도했다.

2024년 4월 16일부터 23일까지 쿠바 동부지역(마나티, 홀긴, 마르카네)과 중부지역(카마구이, 시에고데아빌라)의 한인 후손들을 찾아 선교여행을 갔다. 홀긴 공항을 종이 입국비자도 사용하지 않고 짐 7개와 함께 그것도 급행으로 무사히 통과하였다. 이번 여행은 마치 캐나다-쿠바 리조트로 오라는 신호 같아 감사했다.

제2장 쿠바 선교의 재정비

1 캐나다-쿠바 리조트 패키지

아~ 새로운 패러다임이다! 새로운 접근방법, 신나는 방법이다!

캐나다-쿠바 리조트 패키지는 선교만 하는 것이 아니고 휴식하며 몸 건강을 챙기고 관광까지 하는 코스다. 은퇴한 시니어들에게는 환영받을 만한 패키지지만, 너무 호화판이기도하고 돈이 좀 든다. 경제적으로 여유 있는 자들만 가능하긴 하지만, 그래 언제 돈 없이 선교하였나?

자유! 자유가 그립다.

언제 쿠바에 자유스럽게 오가며 자유스럽게 복음을 전할 수 있는 날이 올까? 그날이 속히 오기를 기도한다.

"예수께서 그들을 보시며 이르시되 사람으로는 할 수 없으되 하나님으로는 그렇지 아니하니 하나님으로서는 다 하실 수 있느니라." (마가복음 10:27)

2023년 7월 21일부터 28일까지 한두 차례 미룬 후 쿠바 서부지역 마탄사스, 카르데나스, 아바나를 바라데로를 통해 뉴멕시코 알바커키 한미 침례교회 윤성렬 목사님과 우리 부부가 다녀왔다. 출입국은 순조로웠고 가져간 6개 가방도 무사 통과했다.

한인 가족 중 택시기사도 만났다. 물가가 엄청 올랐지만 낙천적인 성품은 여전하다.

세 지역에서 13명에게 침례를 주었다.

더운 여름철이기도 하지만 관광지인 아바나 혁명광장에도 관광객이 거의 없다. 미국 시민권자에 대한 새로운 제약인가 보다. 선교 여행을 하다 보면 우리가 경험이 많으니 걱정하지 말라고 하여도 잘 모르는 나라에 처음 가다보니 지나치게 염려하고 불안해하며, 때로는 인도하는 우리조차 불신하고 틀만인 경우도 있다. 몇 명만 모여도 생각이 다르고 효과적인 결과를 위한 의견충돌이 생길 수 있지만, 오직 하나님을 향한 선교여행이라는 뚜렷한 하나의 목표만을 바라볼 때 어떤 어려움도 극복할 수 있다. 주여 인도하소서!

"너희는 이 세대를 본받지 말고 오직 마음을 새롭게 함으로 변화를 받아 하나님의 선하시고 기뻐하시고 온전하신 뜻이 무엇인지 분별하도록 하라. 내게 주신 은혜로 말미암아 너희 각 사람에게 말하노니 마땅히 생각할 그 이상의 생각을 품지 말고 오직 하나님께서 각 사람에게 나누어 주신 믿음의 분량대로 지혜롭게 생각하라." (로마서 12:2-3)

2 쿠바 선교에 대한 나의 소망

주님, 90세까지 저의 건강을 허락하소서!

이제 80대도 중반을 지나고 있다.

주님, 90세까지 베네수엘라 복음사역을 현지 지도자들에게 인계하고, 쿠바 한인 돌봄이 사역을 잘 마무리 하도록 건강을 허락하소서!

앞으로의 희망은 좋은 후임자를 하나님이 준비해 주시기를 기도한다.

마탄사스 엘볼로 한인 후손촌에 방치된 쿠바 최초의 한인교회를 복원할 수 있도록 총명한 지혜를 구한다.

쿠바인 두 가정이 무단 침입하여 사는데 나가도록 종용하여야 하지만 그렇게 하려면 그들이 살 수 있는 집을 마련해 주어야한다. 재정적으로도 고액이 소요된다. 집이 오래되어 총체적 수리도 필요하니, 상당히 힘든 사업이다. 그러나 주 안에서는 불가능이 없다고 용기를 갖는다.

"하나님이 모든 것을 지으시되 때를 따라 아름답게 하셨고 또 사람에게 영원을 사모하는 마음을 주셨느니라 그러나 하나님의 하시는 일의 시종을 사람으로 측량할 수 없게 하셨도다." (전도서 3:11)

3. 쿠바에는 예배당을 지을 수 없나?

새로운 장이 열린 쿠바!

미주에서 쿠바입국을 제한하니 캐나다를 통해서 리조트 프로그램으로 쉬면서 선교하게 하시네!

2023년 초 마나티에 마침 가족이 미국으로 이민하는 집이 있어 가정교회 건물을 미화 $8,000에 구입하였다. 이 마나티 집 구입 지원은 카리브복음선교회의 헌금이 주였다. 카리브복음선교회의 임원은 내가 회장이고 이사는 강세흥 장로, 재무가 딸 정원아 서기가 아들 정석구로 있다.

정부에 집 등록은 한인 3명의 공동이름으로 하는데 문제가 없었다. 이 소식을 접한 마르카네 가정교회가 좋은 장소에 좋은 조건으로 집을 살 것을 제안했다. 가서 보니 학교 옆이고 지금까지 모이던 곳의 바로 앞집인데 작은 집이지만 공터가 넓다. 800m² 정도로 교회로 잘 성장할 수 있는 가능성이 있는 장소다. 한인들이 근처에 많이 살고 있어 더욱 좋고, 판매자도 한인 혈육으로 가격도 $2,000이라니 너무 좋았다.

마르카네에는 공학도로 건축 경험이 있는 나이 드신 한인도 있다. 그런데 10여개월이 지났는데도 아직 건축허가가 나오지 않는다.

어찌된 영문인가 알아보니 목녀 카티도 말하지 않고 한인회장 셀소도 말이 없다. 아~~ 답답하다.

아름다운 예배당의 그림자를 눈앞에 그려보기만 한다. 추측하건대 흥분한 나머지 가정교회로 건축허가를 신청한 것은 아닌가 싶다.

"너는 마음을 다하여 여호와를 신뢰하고 네 명철을 의지하지 말라 너는 범사에 그를 인정하라 그리하면 네 길을 지도하시리라." (잠언 3:5-6)

4 마탄사스 El Bolo 한인정착촌 기념비

2005년 김동우 파라과이 출신 한인회장 취임으로 또 다른 쿠바한인회가 탄생하여 임은조 한인회장과 갈등이 고조되었다.

김동우 사장이 컴퓨터실, 한글학교 등 많은 지원을 하였으나 2013년 쿠바에서 철수하였다. 이다윗 목사와 홍 목사가 한국 신문에 한인들에게 도움을 준 사람은 임은조 가족이 아니라고 임천택 임은조 가족을 폄하하여 임은조 회장- 김동우 사장간의 갈등은 더욱 고조되었다.

임은조 회장이 마탄사스 El Bolo(엘 볼로) 한인 정착촌에 기념비 세우기를 원해 시애틀연합장로교회에서 $2,000을 지원하여 2005년 9월 낙성식을 가졌다.

2006년 1월 선교에 도움을 주었던 임은조 한인 회장이 뇌출혈로 서거하고 Antonio Kim(김 안토니오)이 새 한인회장으로 추대되었다.

2005년 9월 El Bolo(엘볼로)에 세워진 한인촌 기념비

5 쿠바 선교의 재정비

2015년 쿠바 한인 후손들 구제선교, 개인전도, 가정교회로 재정립을 기획하고, 2016년 11월 3일부터 17일까지 아바나와 홀긴을 왕복하며 8개지역 루트를 개척하였다.

우리 부부는 한인회장 토니 소개로 그의 조카 Fidelito(피델리토)의 개인차로 동부지역 카마구이, 마나티, 마르카네, 홀긴을 거쳐 마탄사스, 카르데나스 7지역을 순회하고 단기 선교팀이 1주일에 답사할 수 있는 여정을 개척하였다.

2017년 5월 1일부터 8일까지 클리블랜드 한미장로교회에서 쿠바로 선교활동을 하러 왔다. 김민석 목사, 석기석 장로, 이경선 집사, 문경식(치과의사) 팀과 쿠바 정부소유 7인승 렌트카로 처음으로 동부지역을 방문하였다. 두 번째는 2017년 7월 11일부터 17일, 세 번째로는 2018년 1월 10일부터 13일까지 방문하였다.

2017년 7월 11일부터 17일까지 클리블랜드한미교회 김민석 목사 답사팀이 두 번째로 쿠바를 방문하고 3가지 루트를 정립하였다.

1. 아바나-홀긴 2. 홀긴-마르카네 마나티-라스투나-시에고데아빌라-카르데나스-마탄사스-아바나 3. 홀긴-마르카네-마나티.

교회개척 선교로 ᄃ 루트를 세 번째 방문하며 경제적으로 민박하는 길을 찾는데 성공하였다.

2016년 딸(사위 Doug)네 가족을 방문한 에프란 안토니오

6 두 번째 성공한 쿠바 전역 답사

2017년 12월 10일부터 18일까지 송성자 목사팀(정인숙, 남지현, 송성자 목사, José Marír. 멕시코통역, Soozie 송목사 딸과 손주 그레이스)이 도착하여 우리 부부는 아바나에서 동부까지 두 번째로 쿠바 전역을 답사하는데 성공하였다.

그들에게 줄 옷 등 12가방을 7인승 렌트카에 다 실을 수 없어 Nelson Lim 동생 Patricia 차를 빌려 탔다.

임은조 전 회장의 소련제 자동차 레다. 딸 파트리시아가 개인택시로 운영.

레다로 임은조 전 회장 차에 실린 짐만 우선 카르데나스로 보냈다. 헤로니모의 아들 넬손은 이번이 두 번째여서 나를 도와줄 것으로 믿었으나 오판이었다. 왜냐하면 자기가 민박집을 정하고 식당도 소개하면서 숙소는 10불, 식사는 한 사람 당 1불씩 이익을 남기는 것을 나중에야 알게 되었다. 자동차 보증금도 $250을 챙겼다.

실망스러웠다. 아~~ 나는 자신들을 도우러 왔는데 어떻게 그럴 수가 하는 마음이 들었다. 돌아와서 토니 회장에게 솔직히 얘기하며 우선 개인 자동차를 렌트할 수 있도록 도와달라고 했다. 그러나 그도 잘 모른다며 도움을 주려하지 않았다.

2018년 1월 10일부터 13일까지 한미교회가 세 번째로 방문하고 교회자체로 Peralta 의사 민박집과 연결하였다. 단독으로 통역관 2명을 계약하고 민박을 예약하였다. 하지만 쿠바 사정을 몰라 환율에다 민박비, 버스비 초과 지불 등으로 5일 단기선교에 $2,000 정도를 더 지불했다.

2016년 7월 26일 경북장애인학교(오인수 목사 교목)에서 방문하여 장애인 어린이들에게 설교하였다. 동서되는 하용수 화랑교회 목사와 수산대학 동문 라준일, 채창훈, 장주묵을 만났다.

수대 동문 라준일, 채창훈, 장주묵, 저자

오인수 목사 부부와

하용수 목사 부부

2016년 35차 총회 때
(데프란 안토니오, 문대연 목사, 필자)

    2017년 하와이 안디옥침례교회에서 쿠바를 방문하여 마나티에서 4명을 침례하였다.

    2017년 9월 6일부터 13일까지 캐나다 팀 안석환, 장동철, 김재화 목사님들이 쿠바를 방문하였다. 총 16명을 침례하였다.

    2018년에는 미주 한인침례교회 해외선교부가 쿠바 아바나 방문을 주선하고 16명이 참가하였다.

    2018년 2월 타코마제일침례교회에서 열린 선교대회에 참석하여 쿠바 선교에 대해 간증였다. 2월 23일 그곳에서 나의 79세 생일 축하를 받았다.

제3장 쿠바 선교의 전환

1. 쿠바 선교의 전환점

2018년 2월 5일부터 11일까지 미주 한인침례교회 해외선교부가 아바나를 방문하여 쿠바 선교의 새로운 전환점이 마련되었다. 아바나 서부침례총회, 아바나신학교, 마탄사스신학교, 한인 후손촌 엘 볼로(El Bolo)에 있는 기념비를 방문하였다.

20년이나 쿠바 선교를 홍보하였지만 나를 믿지 못해서일까, 휴스턴의 박철수 목사를 통해 듣고 그분 소개로 쿠바 침례교회를 방문하겠다고 했다. 여기에는 침례교회가 없다고 해도 막무가내로 가더니 결국 가보니 오순절교회여서 결국 나를 신뢰하고 쿠바 선교여행을 하고 쿠바를 품는 계기가 되었다. 할렐루야!

다음에는 해외선교부에서 쿠바 동부쪽으로 가도록 추진하였다. 10일을 선교부 팀과 함께 보낸 후 나는 1주일 정도 머무르며 그곳에 있는 대형 침례교회를 방문하였다.

2018년 4월 17일부터 20일까지 정세영 목사가 시무하는 버지니아 페닌술라침례교회가 쿠바를 방문하고 Ciego de Ávila, Danilo Kim, Margarita Kim 형제와 교제하였다. 홀긴 제1침례교회 Maranata(목사 Amado Ramírez Olivero)와 제2침례교회 Alfa y Omega(목사 Juan Rodríguez)를 방문하고 교제하며 정세영 목사팀을 맞을 준비를 완료하였다.

2018년 2월 23일 T-코마제일침례교회 선교축제 참석 시
79세 생일 축하를 받으며 쿠바의 실정을 간증하는 필자

    2018년 4월 24일부터 27일까지 처음으로 홀긴 통해 입국하고 페닌술라 침례교회 정세영 목사팀(사모, 혜영, 정옥남 사진사, 오연희 BVS 담당자)이 홀긴 단기선교를 왔다.

    마르카네, 산디아그데쿠바 침례총회 방문, 마나티 입항기념비 방문, 홀긴 한인후손 방문(필릭스 집)을 하였다. 이 팀 출국 후 나는 Holguín 시내를 걸어서 정보를 얻었다. 민박집은 로돌포가 주인이며 Avenida Caballo #69이고 하루에 $15에 인터넷 사용이 가능하며, $100-120/día(하루)로 개인자동차도 사용할 수 있다는 것도 알았다.

2018년 3월 26일부터 28일 홀긴에서 사역하였다. 입국에 시간이 좀 오래 걸렸다. 29일에는 Juan Rodríguez 목사가 시무하는 알파-오메가 교회의 오전 예배에 가서 페닌술라침례교회 정세영 목사의 초청장을 전달했다.

홀긴의 한인을 위한 잔치를 열고 Abel(아벨) 집을 방문하여 집은 협소하나 가정교회 가능성을 타진하였다.

동부침례총회 때 박종철 한침 총회장과 함께

마르카네 방문 때

2018년 7월 30일 한미장로교회에서 3번째로 오기로 했으나 하루 늦게 도착하여, 전에 갔던 페랄타 숙소가 비싸서 인터넷 있는 경제적 숙소로 예약하여 주었다.

마나티에는 마리셀라 집을 예배처로 사용했으나 마르카네에는 장소가 없어 오순절교회와 협력하였다.

자체 어린이사역 교회개척 가능성을 조사한 후 8월 4일 출국하였다.

2018년 8월 박종철 목사(한국침례교 총회장), 유진화 콕사(아르헨티나 현지 목자훈련원 새생명교회 파송 선교사)가 쿠바를 방문하였다.

산디아고 데 쿠바 동부침례교회를 방문하고 서로 양해각서를 쓰고 협력 사업에 서명하였다. 8개 지역 방문 후 아바나 한국-쿠바 우정회관, 아바나 총회, 아바나 신학교를 방문하였다.

2 쿠바 선교 후원에 대한 감사

쿠바 한인 후손들을 선교 지원하는 대부분의 미주교회들과 후방선교사들의 기도와 물질적 지원에 감사드린다.

1980년대부터 지금까지 베네수엘라와 쿠바사역을 위하여 기도하며 재정적으로 후원한 교회들:

카라카스한인침례교회(오인수 임경삼 윤여각 이성권 곽성주 함준상 정원섭 목사) 헤네시스재단(김두환 회장 이혜독 부회장 정두환 이사) 서울영동교회(정현구 목사) 로뎀나무선교회(정석희 선교사) 화랑교회(하용수 목사) 수정교회(김춘자 전도사) 테네시한인교회(정현철 장로) 골든게이트박사과정(조수길 박사) 온백성교회(이다니엘 목사) 탬파새빛교회(송호철 목사 김섭리 목사) 새누리선교교회(김태훈 목사) 반석한인침

마나티 입항기념비, 마나티 마르카네 카르데나스 가정교회 방문

서부 총회 회장(오른쪽)

아바나 북부 Alamar(알라마르) 가정교회 방문

서부 침례신학교방문 더, 중앙의 Bárbaro(발바로)학장

서부침례신학교를 방문한 박종철 목사팀

례교회(이용구 목사) 올랜도중앙침례교회(서세원 목사) 콩코드침례교회(이동호 장로 박학아 전도사 이왕곤과 로즈리 선교사 길영환 목사) 미션포인트교회(고석진 목사) 서울지구촌교회(최성은 목사) 남가주새누리교회(박성근 목사) 풍성한 복음선교회(신인훈 목사) 선한목자선교회(황성규 김경식 이헌 목사) 카리브복음선교회(이동호 강세흥 장로 정원아 정석구) 윌리암-말갈렛 재단(강세흥 장로) 샌안트니오 새누리침례교회(이근춘 목사) 한우리교회(안경애 사모) 딕시침례교회(김재화 선교사 안석환 목사) 은혜와평강교회(장동철 목사) 코브한인침례교회(이용봉 목사) 뉴라이프교회(위성교 목사) 기쁨의강교회(이영문 목사) 타이드워터침례교회(조낙현 목사) 신시내티 능력침례교회(이성권 목사 박레위 목사) 타코마제일침례교회(최성은 목사 손경원 목사) 시애틀연합장로교회(박영

희 목사 심우진 목사) 믿음교회(한택희 목사) 샬롬교회(민찬식 목사) 뉴욕아가페연합교회(남지현 선교목사) 제일한미교회(갈시아용 목사) 글로벌어린이재단(정경애 권사) 한우리장로교회(이정문 장로) 새크라멘토한인침례교회(김미경 집사) 해간 33기 철맥회(송청길 이석호 조정래 이윤덕 성훈 정치섭 박영남 임병천 신일재 김수웅 이정교 김승의 조인복 정기인 최창식 유재원 홍수길 정달옥)

처음에는 타교단의 88 세계한인선교대회 연결고리로 만난 목사님들이었으나 최근 꾸준히 돕는 교회는 침례교 해외선교부와 수산대 동문들이다.

최근 베네수엘라와 쿠바 한인 후손 선교를 정규적으로 지원하는 교회들: 남가주새누리교회(박성근 목사) 미션포인트교회(고석진 목사) 타이드워터침례교회(조낙현 목사) 뉴라이프교회(위성교 목사) 기쁨의강교회(이영문 목사) 신시내티능력침례교회(박레위 목사) 타코마제일침례교회(손경원 목사) 탬파새빛교회(김섭리 목사) 새누리선교교회(김태훈 목사) 은혜와평강교회(장동철 목사) 한국지구촌교회(최성은 목사) 시애틀연합장로교회(강세흥 장로 심우진 목사) 선한목자선교회(김경식 목사) 카리브복음선교회(정원아 정석구)에 하나님의 큰 축복과 은혜가 충만하기를 기원한다.

2018년 10월 1일부터 6일까지 한인침례교회 해외선교부의 장요셉, 조낙현, 이경수 목사 3명이 홀긴에 도착하였다. 쿠바가 코로나 열병으로 입국이 금지되기 전이었다. 동부침례신학교와 동부침례총회 방문 후 렌트한 개인 자동차로 카마구이와 시에고데아빌라를 방문하였다. 나는 카르데나스 후손들을 만나러 가기로 한 약속을 지키지 못해 조바심이 났다.

2018년 10월 7일부터 8일까지 해외선교부가 카르데나스 방문 약속을 못 지켜 그들을 달래기 위해 토니 한인회장과 함께 카르데나스의 아델라이다와 호세 가정교회로 갔다. 선교 물품으로 큰 가방 한 보따리 넘겨주며 그들 마음이 풀리기를 기원했다. 함께 춤추며 즐거운 시간을 가졌고 가정교회 목녀 목장과도 화해하였다.

3 하와이 안디옥교회의 섬김

2019년 2월 20일에서 3월 초까지 하와이 안디옥교회가 쿠바 한인을 섬기러 왔다. 안디옥 침례교회팀의 Oliver 목사, James Ha 집사, Rachel Nam 사진사, Clara Jeung 집사 이렇게 4명이었다.

21일 홀긴 공항 도착 후 Jovani(조바니) Ranger Rover 택시로 홀긴에서 아바나까지 장거리를 가서 선교를 잘 마쳤다. 드디어 이제 쿠바 한인들이 사는 8개 도시 순회 선교를 수행하게 되어 기뻤다.

마나티에서 Yendri Regiada Amado(이인드리 레히아다 아마도), Marlenes Conti Escobar(마렌네 콘티 에스코발), 이엔드리의 홀긴 애인, Meylin Amado León(메이린 아마도 레온)과 Lien Hernández Amado(리엔 에르난데스 아마도), 이엔드리 사촌이 참석하였고 그 중 4명에게 침례를 주었다.

안디옥침례교회 오귀례 집사가 $1,000을 헌금하여 마나티 교회당을 위해 $1,600의 헌금이 모였다. 아바나에서 출국 후 아바나 침례대학 Bárbaro 학장에게 타이드워터침례교회 조낙현 목사가 전한 $4,500을 전달하였다.

3월 3일 홀긴에 돌아와 보니 모든 서류를 식당에 두고 나와 분실한 것을 알게 되어 3월 4일 홀긴 소재 Peralta 이민국에 보고하였다. 2019년

안디옥 침례교회 팀 홀긴 도착 후 전국 순회하며 4명 침례

3월 5일부터 13일까지 캐나다 팀 장동철 안석환 김재화 목사님들과 홍경숙, 안석환 사모, 안경애 사모가 방문하였다. 8군데 한인이 사는 지역을 순방하고 총 32명을 침례하여 대성공을 거두었다. 정금자 사모가 돈을 갖고 쿠바에 입국하였고 안석환 목사에게 캐나다 화폐 $5,500 차용하였다.

쿠바 미국대사관에 영주권 분실 신고로 미국에서 딸 원아가 과태료를 물었다. 3월 10일 월요일 아바나 소재 Consulado Venezolano(베네수엘라 영사관)에 여권 분실을 신고하니, 단수 일회용 여권만 발급이 가능하다고 한다. 카리카스에 있는 김두환 집사님에게 연락하니 여권이 부족하여 여권발급이 어렵다고 당분간 입국하지 말도록 권유하였다.

2019년 3월 16일 주일에 Iglesia Liga Evangelística de Cuba, Calle 45 entre Calle 82 y 84, Mariannao, Cuba. 에서 예배를 보았다.

캐나다 팀의 쿠바 전국순회, 32명에게 침례하다.

캐나다 팀의 쿠바 전역 방문과 32명의 침례자들

　한글교사 Maricelle Bermúdez 자매가 가정교회 인도하러 오순절 교회로 갔다. 20일 임시 한국 여권이 멕시코 한국 대사관에서 코트라 사무실로 도착하였다.

마탄사스 Cozal(코칼) 지역 한인 후손 가정예배

4 아바나 동부가정교회 개척

2019년 3월 18일 Edificio #apto.25, zona 19, Alamar, Habana Este. Roxana Quintana y Jose Días, 주소에 아바나 동부가정교회를 개척하였다. 딸 두 쌍둥이가 한국어학생인 가정으로 옆집 침례교 목사를 초청하였다. 할렐루야!

2019년 4월 고국을 방문하였다. 가족과 오랜만에 만나고 그들의 환영을 받으며 팔순 기념잔치를 했다. 2019년 11월 18일부터 12월 16일까지 쿠바 체류 중, 토론토한인장로교회 최재만 목사 팀과 홀긴을 방문하며 항공료와 Guardalavaca 4.5성 호텔인 Sol Rio de Luna y Mares Resort 리조트에서 숙식이 가능한 것을 알고 선교 상품을 개발할 희망을 가졌다.

2019년 하와이 안디옥침례교회(4명 침례), 한국 청주장로교회, 한국 침례회장 박종철 목사와 선교사 유진화 목사(아르헨티나 현지인 사역), 캐나다의 32명을 합하여 총 36명에게 침례를 주었다.

서울에 있는 가족

부산에 있는 가족

처가 가족

2020년 1월부터 은혜와 평강교회 선교사로 츠청을 수락하고, 5월 17일 2주년 창립기념일에 다송예배를 준비하고 청소년수련회를 구상하였다.

2020년 2월 20일부터 29일까지 한국침례교 목사부부 6명과, 민주식, 김혜영, 민찬식 목사 등 8명이 쿠바 선교를 위해 파나마를 거쳐 홀긴에 도착했다. 입국 비자가 US $25이었다. AA $100, Delta $75로 각 항공사마다 쿠바 비자 금액이 달랐다.

홀긴 로돌포 집에서 마나티 에스민다, 동생 에니오 아가도, 마르카네 카티, 홀긴 마이리와 성경공부하다.

12월 5일에서 18일 아바나에 입국이 금지되었다.

쿠바 내 통행금지로 전 지역 방문계획을 취소할 수밖에 없었고 은혜와 평강교회 청소년수련회 계획도 연기하였다.

5월 17일 은혜와 평강교회 창립일에 하려고 했던 선교사 파송예배도 연기하였다. 한 달에 $700의 선교지원금을 받게 되었다.

2021년 2월에 쿠바를 방문하려던 계획이 쿠바 코로나 확산으로 전 도시가 폐쇄되어 또 연기되었다가 재개되어, 11월 12일부터 23일까지 Caballero 69 Rodolfo 소재 홀긴의 민박집에 머물며 아내와 Camagüey, Manatí, Marcané, Holguín으로 동부지역을 순회하였다.

11월 26일부터 12월 3일까지는 아바나, Alamar, Cárdenas, Matanzas, El Bolo 등 쿠바의 서쪽지역을 방문하였다.

2021년 코비드 해제 후 11월 19일 금요일에 은혜와 평강교회에서 장동철 목사가 안경렬 전도사와 함께 첫 쿠바 선교를 왔다. Brisas Guardalavaca Hotel에 안착하고 보니 물품은 안석환 목사님 측에서 준비한 가방 5개와 우리가 준비한 4개로 모두 9개나 됐다. 짐이 많아 여행이 어려웠다. 그 다음 화요일 23일에 리조트 표를 구입하고 홀긴에 도착하였다.

2022년 3월 30일부터 4월 8일까지 코비드 해제 후 은혜와 평강교회에서 장동철 목사, 안경렬 전도사와 함께 처음으로 쿠바 선교를 왔다. Brisas Guardalavaca Hotel에 머물며 동부침례총회와 동부침례신학교를 방문했는데, 장동철 목사는 쿠바 보안실에 불려가 불법 선교라고 취조를 받았다.

5월 29일부터 6월 4일까지 아바나를 방문했는데 쿠바 출입국 시 코비드 테스트 검사증을 요구했다. 한-쿠바 우정회관에서 처음으로 잠을 잤다. 한인 14명에게 침례를 주었다. Grisela 토니 전처집을 가정교회로 사용하고 마스크를 나누어 주었다.

8월 19일부터 26일까지 기쁨의 강 교회 이영문 목사와 정기연 장로가 쿠바 동부지역 리조트로 방문하고 18명에게 침례를 주었다. 12월 1일부터 6일까지 딸 원아와 Brisas Guardalava Hotel에 체류하며 쿠바 동부지역을 방문했다. 출국 시 심사대에서 또 1시간 이상 취조를 받았다.

2023년 2월 14일부터 3월 3일까지 아내와 아바나, 마탄사스, 카르데나스 이렇게 서부지역을 방문하고 시에고데아빌라, 카마구이, 마나티, 홀긴 이렇게 마르카네 동부지역을 방문해 마나티 가정교회 구입을 그들에게 알려주었다.

7월 21일부터 31일까지 윤성렬 목사님과 서부지역을 방문하고 13명에게 침례를 주었다.

2024년 4월 16일에서 23일까지 쿠바 동부지역(마나티, 홀긴, 마르카네)과 중부지역(카마구이, 시에고데아빌라)의 한인후손들을 방문하였다. 이번 순회는 필자 부부, 박병철 집사(토론토 큰빛교회), 문병의 집사(몬트리올 제자교회)로 4명이었다. 은혜와 평강교회에서 어린이 선물과 경비 $5000을 지원하였고 정 선교사는 옷 약품 등 가방 6개를 준비하였다.

마나티, 마르카네, 시에고데아빌라, 카마구이에 어린이 수영장을 만들어 어린이들 놀이터크 사용해 믿지 않는 아이들을 전도하고 침례탕으로도 활용할 계획을 수립하였다. 그리고 마나티, 마르카네, 카마구이, 시에고데아빌라, 마탄사스, 카르데나스에 아동급식프로그램을 설치해 2025년 쿠바 어린이 돌큼사역을 준비하도록 조치하였다. 이 GCF(Global Children Fund) 프로그램은 새누리선교교회 정경애 권사님 추천으로 이루어지며 $12000을 지원요청하였다. 각 지역에 월 $200로 주 2-3번 25-30명의 어린이들에게 지원할 예정이다.

마르카네 가정교회를 방문하고 격려하였다. 신학교 보조금으로 마리아 카르멘데 푸로엔사어 게 $200, 루이덴 목사에거 $100을 전달했다.

만 오른쪽 문병의 집사

카마구이 가정교회에 지원금($200)을 전달하고 식사를 대접했다.($140)

카마구이 가정교회와 예배에 참석한 카마구이 한인 이반 목사의 사모 앙리 김 가족

카마구이 장막처소 예배 참석자들

시에고데아빌라 가정교회를 방문해 $200 지원하고 식사로 $200 지원.
5명에게 침례. 간증하는 박병철 집사와 침례하는 필자

마나티 가정교회를 방문해 두 학생이 신학교를 마치도록 $350을 지원하고 식사로 $395 지원

정 선교사 생일을 축하하며 한국노래로 응답하는 어린이들

　홀긴 문화회관에서 한인후손들을 지원하고 유아 마리아를 하나님께 헌아하며 축복했다.

쿠바 한인후손 사역에 토론토 교회들의 지원은 매우 중요하여 4월 24일 토론토 목사님들과 장로님들(윤일현 원로목사, 김광일 협동목사, 안석환 목사 부부 김경애 사모, 이정일 장로, 이정문 장로, 장동철 목사 부부)을 식당으로 초대하여 쿠바 선교활성화를 논의하며 교제하였다. 선교사의 접대 받기를 꺼려하시는 분들께 기회를 달라고 요청하고, 2025년 쿠바방문사역과 어린이 급식사역에 적극 동참해 쿠바 후손들을 도와주시도록 간청하였다. 어린이 수영장 건설에 $2,000 정도, 장막처소 만드는 데는 $5,000 정도 드는 경비 문제도 관심을 갖고 도와주시도록 부탁드렸다. 초대에 응해주신 모든 분들께 감사드리며 축복합니다.

후방 선교사님들 그리고 목사님들께

쿠바와 베네수엘라 선교를 위하여 기도하여 주시고 또 물질로도 도우시는 후방 선교사님들과 목사님들께 고마운 마음을 담아 감사하며 축복합니다.

지난 주 쿠바 한인 후손들 8개 마을을 돌아보며 어렵게 사는 동포들을 격려하며 주 안에서 소망을 간직하도록 좋은 소식(복음)을 전하며 서부지역인 아바나에 6명, 마탄사스 5명 이렇게 모두 11명에게 침례를 실행하였습니다. 침례탕이 없는 곳에서는 Plastic Pool(플라스틱 풀)로 된 간이 침례탕을 사용하였습니다. 이 모두 하나님이 인도하시고 여러분들의 기도와 도움 때문입니다. 감사합니다.

제4장 한국과 쿠바의 관계

1 쿠바 화폐와 태극기

2007년 1월 쿠바의 새 화폐 도안에 발전 설비가 들어간 것은, 쿠바 국가평의회 의장의 각별한 관심으로 쿠바는 그해 초 10페소(약 1만원)짜리 새 지폐를 만들면서 '에너지 혁명(Revolución Energética)'이라는 문구와 함께 현대 중공업이 수출한 이동식 발전 설비 도안을 새겼다.

쿠바 화폐

이 설비는 40피트짜리 컨테이너 박스에 엔진과 발전기를 넣어 전기를 생산하는 기기로 발전기용 컨테이너 4기와 컨트롤러 박스 1기가 한 세트로 구성된다. 화폐 도안은 이 발전 설비 한 세트로 이 한 세트가 2,000~3,000가구에 25~30년 동안 전기를 공급할 수 있다.

주로 혁명 인물이 등장하는 쿠바 화폐 도안에 발전 설비가 들어간 것은, 쿠바는 섬이 많은 데다 수시로 허리케인이 몰아쳐 대형 발전소를 지어도 관리가 어려워 전력난 해결은 이 나라의 큰 과제였기 때문이다.

2006년을 '전기혁명의 해'로 정한 쿠바는 한국산 이동식 발전 설비를 쿠바 전역에 설치해 이 발전 설비가 쿠바의 전기혁명을 일으켰다.

'2015 쿠바 수도 아바나 외곽 엑스포쿠바(EXPOCUBA) 전시장에서 열린 아바나 국제 박람회(Havana International Fair 2015)'에서 코트라 사상 최초로 885㎡ 규모의 역대 최대 '공식 한국관'으로 전시관을 개설해 참가했다. 1983년 첫 개최 이후 쿠바 정부가 처음으로 한국을 공식 참가국으로 초청해 한국관에 태극기를 내걸었다.

2 한국과 쿠바의 공식 수교 체결

공산주의 국가 쿠바는 북한의 '형제국'으로 둘리며 한국과는 공식 수교 관계를 맺은 적이 없었는데 2024년 2월 14일 미국 뉴욕에서 양국 유엔 대표부가 외교 문서을 교환하는 방식으로 공식 외교 관계를 수립했다.

쿠바는 1949년 대한민국을 승인했지만 1959년 쿠바의 사회주의 혁명 이후 양국 간 교류는 단절됐었다. 이로써 쿠바는 우리나라의 193번째 수교국이 됐다.

외교부는 쿠바와의 수교를 통해 양국 간 경제협력 확대 및 한국 기업 진출을 위한 제도적 기반을 마련함으로써 양국 간 실질 협력 확대에 기여할 것으로 예상된다고 했다.

이진호 선교사의 오펠리아 시장에서 어린이 사역

제4부
에콰도르 선교의 발자취

수   도   키토
언   어   에스파냐어, 케추아어
화폐단위   미국 달러(USD, $)
면   적   2,563만 7천㏊ 세계77위 (2021 국토교통부, FAO 기준)
인   구   1,837만 7,367명 세계69위 (2024 통계청, UN, 대만통계청 기준)
기   후   적도 지역에 자리하고 있기 때문에 고산 지역을 제외하고 대부분의 국토에서 습한 열대기후가 나타난다.
종   교   가톨릭 90%이상

에콰도르
Ecuador

남아메리카에 위치한 콜롬비아와 페루 사이 작은 국가이나 국토면적은 한반도보다 20% 정도 넓다. 수도는 키토(Quito)이고 국가 이름은 적도가 관통해 적도의 스페인어 'Ecuado'(영어 Equator)에서 따왔다. 그란 콜롬비아의 해체로 콜롬비아, 베네수엘라, 에콰도르가 건국되면서 국기 디자인을 그란 콜롬비아에서 따와 세 국가의 국기가 유사하다.

1986년부터 진행된 저 유가와 1987년 대지진, 고 인플레이션으로 경제적으로 최악의 시기를 보냈다. 2006년 반미와 정국 안정을 내세운 라파엘 코레아가 집권해 미국과 FTA 협상을 중단시키고 베네수엘라와 친하게 지냈다. 그는 미국 유학 시절 장하준의 지도를 받고 그의 저서 『사다리 걷어차기』를 읽고 감명 받아 경제정책에 한국의 영향을 상당히 받았다. 그의 3선 이후 내정은 안정되어 지진이 나기 전인 2016년 엑스파트 인사이더 보고서에서 외국인이 살기 좋은 나라 2위에 선정됐다.

2023년 5월 국회가 부패혐의로 대통령 탄핵을 추진하자 라소 대통령은 스스로 물러나면서 국회해산을 단행했다. 연내 대선과 총선을 치러 뽑힌 대통령과 국회의원이 잔여임기(2025년 5월)를 채우는데, 대선을 앞두고 야당 소속 페르난도 비야비센시오 후보가 피습 당해 사망했다. 안데스 산맥에서 길림, 바다, 갈라파고스 제도까지 다양한 자연환경이라 다양한 야생동물들이 서식한다.

제3부
에콰도르 선교의 발자취

제1장 에콰도르 침례신학교의 설립 준비

2018년 3월 에콰도르 신학교 사역에 참여했다.

3년 정도 이진호/장효빈 선교사, 임동섭 목사, Hector Sisalema(엑돌시사레마) 에콰도르 예수새생명교회 담임목사, 침례교 부총회장과 협의 후 에콰도르 국제신학교 설립에 합의하였다.

명예학장은 정경석, 학장은 임동섭, 서기 이진호 선교사, 학생대표는 엑돌시사레마로, 신학교는 Maryland Theological College & Seminary 학칙대로 운영하기로 합의했다. 그러나 임동섭 학장이 60학점 이수 후 목회학 석사를 졸업하고 곧 내년에 목회학 박사과정을 시작한다고 발표했다. 논문도 없이 목회학 석사라니, 남미는 학사 석사 졸업 시 논문을 제출하도록 되어있는데, 졸업장 판매같은 느낌의 제안에 반대하여 나는 결국 2021년 8월 16일 사퇴하였다.

에콰도르 MDiv 창립모임

에콰도르 방문, QUITO, 엘리엇 선교지, GUAYAQUIL 지역방문. 10명 MDiv 학생

새생명교회에서 말씀을 전한 필자
엑돌시사레마 에콰도르 침례 부총회장 (앞 줄 왼편에서 두 번째)

제2장 침례신학교의 탄생

2018년 4월 6일 에콰드르 침례신학교가 탄생하였다. 에콰도르 신학대학원을 설립하여 봉사하도록 기회주신 주님께 감사드린다.

이번 여행도 참으로 긴 여행이다. 두 주간 사역을 마치고 해안

오펠리아 이 선교사 시장사역 사랑교회 설립

에서 피로도 풀고 고산병 영향도 제거하니 기분이 좋다. 키토 사랑침례교회를 31일 오전 2시 반에 출발하여 5시간 비행기로 산살바도르에 도착하니 오전 7시다. 오후 7시 19분까지 대기실에서 기다리기가 너무 지치는구나. 남미 쿠바여행은 보통 2-3일 저녁을 공항이나 비행기에서 자는데 이런 비행여정을 계속하는 일이 무척 힘은 들지만 사역을 생각하면 즐거운 여정이다. 항공료 아끼지 않고 일등석이나 비지니스석으로 직행 비행기 타면 해결되긴 한다.

일 년 반전 에콰도르 침례목사회 부회장 Hector Sisalemas(엑돌시사레마) 목사와 대화 중 3-4명의 침례교 목사님들이 목회학 석사과정에 관심이 있어 도울 것을 약속하고 기도 중이었다.

2023년 4월 키토에 도착하니 10여명이 모여 3박 4일의 집중강의를 한 후 엑톨 목사, 이진호 선

이진호 선교사 가정과 오펠리아 사역

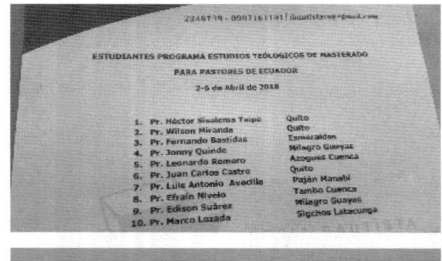

새생명교회에서 말씀을 전한 필자
엑돌시사레마 에콰도르 침례 부총회장(중앙)

교사, 임동섭 목사와 나는 새생명침례교회에서 만나 에콰도르 국제복음 신학원(Seminario Evangélico Internacional de Ecuador)을 설립하고 단기간에 현지법에 따라 등록하고 에콰도르 사역을 돕기로 했다.

명예학장 정경석, 학장 임동섭, 교학처장/총무 이진호, 학생대표/현지 이사 엑돌시사레마로 합의하고 집중강의는 2월, 6월, 10월, 연 3회로 정했다. 오랜 베네수엘라에서의 경험을 바탕으로 에콰도르 교계에 신학대학원을 설립 할 꿈으로 가슴이 벅차다. 10월 학기에 이재훈 헬라어 교수, 정경석 침례교회사, 임동섭 창세기 과정이 10월 26일부터 29일까지 전번처럼 나사렛신학교에서 잘 마쳤다.

임동섭 학장께서는 교과과정을 이진호 교학처장은 뒷바라지를 잘 하셨다. 임 학장이 내년 6월 침례신학교 출신 6명이 졸업하면 10월에 박사과정에 들어갈 예정이라고 광고하여 깜짝 놀랐다. 에콰도르 국제신학원이 설립도 되지 않았고 학사과정 목회학 석사과정 Pensum(Curricula)도 정해지지 않았다. 신학교 등록 교육 과정조차 공표되지 않은 상태였다.

이진호 선교사의 오펠리아 시장에서 어린이 사역

이런 결정은 모든 학생이 교과과정을 인지하고, 임동섭 학장, 이진호 총무, 정경석 명예학장(국제이사), 현지 임원들(교학담당 부학장, 교무담당 부학장, 서기/총무, 학무담당관 등 현지이사) 합의 하에 이루어져야 하는데 소통이 제대로 안된 것 같다.

보통 1학점에 15시간 3학점 45시간을 이수하여야하는데 집중강의 과목당 12시간이다. 그것이 숙제와 인터넷 보충수업으로 가능할지 의문이다. 어렵게 할 필요는 없지만 너무 쉽게 학위를 주어도 역풍을 맞을 수 있다.

박사학위가 현 사정으로 가능한가? 너무 포퓰리즘에 치우치지 않나? 현 상황으로 목회학 박사과정이 가능하도록 조정이 가능할까?

학사과정을 빠른 시일 안에 현지 목사님이 할 수 있도록 도와야 한다. 무엇보다도 목회학 석사과정이 정착되고 현지 교수들이 학사과정을 담당하도록 도와 주어, 몇 년 후 자체적으로 모든 과정을 현지화 (Localization) 하도록 도움을 주는 것이 급선무다. 모든 것이 합하여 선을 이루도록 함께 기도 하자. 세상에 독불장군은 없다!

제3장 국제복음신학원 현지화를 위한 제언

1. 신학교 법인 현지화와 등록
2. 교과과정 확정 후 모든 관계기관에 통보
3. 교과과정을 단계적으로 실행할 로드맵 제시
4. 현지법인이 할 수 있는 과목들은 현지인 교수가 강의하도록 인도
5. 몇 년간 집중강의로 학위취득을 돕지만 점차 졸업자들을 현지인 교수로 전환
6. 학사 120학점, 목회학 석사 90학점과 졸업논문 확인. 미 목회학 과정은 리포트 작성 등으로 대치하지만 중남미에서는 논문(목회실습)을 유지한다. 미국 신학교에서도 88-90학점 이수하여야 하기에 신학교 졸업자는 다른 과목으로 대치하지만 학점은 반드시 채워야한다. 결국 같은 기간 3년이 걸린다. 목회학 박사과정을 제시하여 현지 목회자들에게 인센티브를 주자. 그러나 확실히 교과과정 알리며 천천히 실행하자.
7. 실제적으로 현지 교수들이 경제적 도움 없이 실행하도록 인도하자.
8. 졸업장 판매 전략이면 철수하자!

어떻게 현지화가 가능한가? 대부분의 선교사들이 갖고 있는 선입견은 현지 사역자들은 돈이 없고 자격이 없고 나태하여 "불가능하다"라고 생각한다. 하지만 그렇지 않다! 고 정주영 회장님 말씀처럼 "야! 해봤어?"를 기억하자.

IMB 선교사들이 철수한 후 한인 선교사들이 그 자리를 채우며 현지화 복음과 현지화 신학교에 성공하였다.

선교사 조건: 양심적이고 다른 생각은 버려야 함.

내가 아니면 안 된다는 자만심을 거두고 현지 목회자들에게 맡겨보자!

현지화 로드맵 제시: 자신의 생각으로 달려가지 말고 국외이사 국내이사 합의 하에 앞으로의 계획을 상세히 홍보하고 실천할 수 있도록 돕자. 주님께서 인도하시리로다.

학사과정의 시작과 현지화: 많은 현지목사님들이 침례신학교 혹은 다른 교단의 학사과정을 마치고 목회 중이다. 미 선교부의 전략과 제국주의사상으로 현지지도자를 양성하지 않았다. 충분한 자격이 있는데 시키지 않았고 하도록 인도하지 않았다. 현 목회지에서 각 교회나 지역교계에서 고등학교 졸업자들을 선별하여 학사과정을 시작하도록 선도하자. 학사나 목회학 석사과정이 체계적으로 유사하지만 CURRICULUM 학사과정이 제시된 후 우린 아직 완성되지 않았고 등록되지 않았다.

석사과정의 현지화: 집중강의로 졸업한자들을 사용하자. 적어도 2-3회 졸업자 배출 후 현지 학생들이 목회학 석사과정을 인지하고 있는지, 그리고 상응한 교육을 받고 있는지? 자신감은 있는지 할 수 있는 능력을 길러주고 자신감을 심어주자! 돈이면 만사형통이라는 개념을 뿌리 뽑자! 외부지원 없어도 할 수 있다는 자신감과 능력을 심어주자.

단계적 지역화와 외부원조 마침: 우선 학사과정을 시작하도록 돕자. 가능하면 에콰도르 ㄷ제신학원 테두리 안에서 할 수 있는지 여건조성이 되도록 하자. 안되면 각 교회에서 학사과정을 하도록 하자. 지원금도 필요 없고 현지 강사도 준비된 상태다. 할렐루야! 우선 내가 아니면 안 된다는 욕심을 버리자. 필요하면 조금 지원한다. 자리가 잡히면 지원은 사라진다. 독립경영 체제를 지원하면 지역교회도 자부심이 생긴다.

교회는 어떤가? 사랑침례교회가 등록하며 일하고 있는데 주일헌금이 2-3불 정도라는 소식에 놀랐다. 제자교육이 안 되었다. 침례 받은 교인부터 서서히 사역일군으로 사용하고 교회재정도 맡기자. 그래야 협력한다. 교회사역(영어반, 컴퓨터반, 한글반, 학교교육비지원반 등)에 재정지원은 하지말자.

처음부터 외부인사 초청은 하지 말고 자원봉사자로 충당하자. 교회가 성장하면 내부자로 하자. 교회는 기업이 아니고 봉사 단체이다. 에콰도르 교민들 중 봉사자들을 찾아서 회사처럼 운영하면 문제다. 천천히 가자.

결국에는 돈으로 해결되지 않는다. 선교 온 봉사자에게 주일 설교비를 주는데 놀랐다. 와서 설교해 주고 지원해 주는 선교봉사자가 필요하다. 새생명 현지교회에서 설교해도 설교비를 주지는 않는다. 당연하다. 지원하여 주지 못하여 미안하다. 한인교회는 제외다.

우리는 현지화를 돕는 선교사인가? 학위판매 선교사인가? 선교사의 "마음가짐이 정리되어 있는가?" 사회에 정직하고 주님께 충성스러운 선교사로 임하자. 돈 벌려고 온 선교사가 아니며 학위판매 선교사도 아니다. 에콰도르 교계에 하나님 사역자를 키우는 일에만 전념하자. 필요한 재정은 하나님이 채워주시리라. 자비량 선교사를 보내주도록 기도하자!

에콰도르 상주 이진호 선교사에게 추천한다. 평생선교사로 섬기도록 부름 받았으니 준비하자고.

첫째, 에콰도르에 귀화하라. 중남미에서 합법적으로 현지교회를 맡을 수 있도록. 에콰도르 한인 선교사들이 몇 십 년 섬기고 돌아가기를 원하는데 교회 건물 땅에 투자한 것 회수하지 못해 걱정하시는 분들을 보면 가슴이 쓰리다.

둘째, 시작부터 현지인들에게 맡기며 사역하자.

셋째, 내 것이라는 개념을 버리자! 지원받아 땅 사고 조금씩 사역 확장하자. 내 돈 드리려면 그냥 헌금하라.

넷째, 교회에서 현지인이 처리하도록 가르치며 키우자. 떠날 때 그 사역이 살아서 성장하는가? 아니면 내가 떠나면 사역이 사라지는가?

주님이 원하시는 선교는 교회나 선교단체가 성과주의에 매달리는 것이 아니다. 주님은 무상으로 이 세상에 첫 선교사로 오셔서 복음을 전하시고 도와주셨으니 우리도 무상으로 돕자. 이 일을 할 수 있도록 모 교회나 선교단체는 탐심을 버리자. 지금은 도움을 주는 척 하지만 반대급부를 바라는 선교단체, 탐심을 가진 선교단체는 멀리하자.

결국은 이진호 선교사님이 선교 중심에 있다. 잠시 와서 돕는 선교사들은 협력선교사. 정경석 선교사는 길어야 10년, 임동섭 선교사는 7-8년, 이진호 선교사는 15년 이상 사역이 가능하다. 이진호 선교사 없이는 에콰도르 국제복음신학대는 존재할 수 없고 운영도 되지 않는다. 어떤 경로로 시작하였든지 주님이 세우신다. 현지교회 현지목사님들을 접촉하여 현지화 서류 등록, 집중 강의처 연결과 협의체결 등을 도움받도록 하자. 에콰도르에 체재하는 이진호 선교사가 모든 강의를 듣고 협력하여야 한다. 본인도 목회학 석사과정 마치고 배우고 통역/동역 할 수 있도록 능력도 키운다. 그냥 ThM 받아도 안 되고 받을 수도 없다. 실력이 중심에 서야지 빽이나 연결고리로 빠져나갈 수 없다.

주님이 함께 하심을 잊지 말자! 어려울 때 주님께 간구하라!

안준식 학장님: 미 전국에서 통용하도록 메릴랜드 신학교대학원이 연방정부수준의 AST 허가가 나오면 더욱 좋겠습니다. 중남미학생들이 미국으로 유학 할 경우는 없지만 이름도 매릴랜드 주보다는 공통적인 이름으로 바꾸면 좋겠습니다.

2018.10.30.

2005년 9월 17일 카리브복음신학원 개설

제5부

50년 선교를 돌아보며

제5부

50년 선교를 돌아보며

　선교란 그리스도교 신앙을 널리 펴는 일로 파견이라는 뜻을 지닌 라틴어 'missio'에서 따온 말이다. 하나님으로부터 파견된 예수 그리스도에서 시작된 하나님의 선교 역사는 그리스도를 믿고 따르는 사도들의 파견으로 이어져왔다. 예수님께서는 자신이 세상에 오신 목적을 '내가 하늘로서 내려온 것은 내 뜻을 행하려 함이 아니요 나를 보내신 이의 뜻을 행하려 함이니.' (요한복음 6:38)라고 하셨다.

　또 '나를 보내신 이의 뜻은 내게 주신 자 중에 내가 하나도 잃어버리지 아니하고 마지막 날에 다시 살리는 이것이니라.' (요한복음 6:39-54)고 하시며, '한 사람의 영혼이 온 천하보다 귀하다.' (마16:26, 막8:36, 눅9:25)고 하셨다.

　이처럼 하나님이 기뻐하시는 일은 한 사람이라도 전도해 그들을 구원하는 일이다.

　내가 베네수엘라 원주민 선교를 시작하며 여러 교회를 개척하고, 믿음의 지도자 양성을 위해 카리브복음신학원을 설립한 것 또한 하나님의 뜻을 따르고 하나님께 인정받기 위해서였다.

　타지에서 오래 선교사로 살 수 있었던 것은 후방 동역자들의 기도 없이는 불가능했을 것이고, 88 한인세계선교대회에 참석해 침례교단 선교사로 정식 임명을 받았기에 선교에 더욱 박차를 가할 수 있었다.

베네수엘라와 쿠바, 에콰도르는 거리상이나 종교적, 문화적으로나 한국인들에게는 생소한 나라들이다. 그곳에 복음의 씨를 뿌리며 미약하나마 열매를 맺기 시작하나, 내 나이 80 중반을 넘고 보니 앞으로의 걱정이 크다. 현재 베네수엘라는 정치적인 이유로 사역이 힘들고 쿠바는 이념 차이로 핍박 속에 있지만 장동철 목사와 함께 열심을 내고 있다.

건강하고 바람직한 선교를 생각해 온 일선 선교사로서 지난 삶을 돌아보면 아쉬움도 크다. 부족한 인간이기에 실수도 있었고 뜻하지 않은 일과 사람 때문에 후회, 실망, 좌절, 분노도 있었다. 그럼에도 하나님 나라의 축복이 이 세상에 충만하기를 바라시는 하나님께서는 인간의 연약함과 이기적인 죄악까지도 협력케 하여 영광을 받으실 것으로 믿는다.

"우리가 그가 만드신 바라. 그리스도 예수 안에서 선한 일을 위하여 지으심을 받은 자니 이 일은 하나님이 전에 예비하사 우리로 하여금 그 가운데서 행하게 하려 하심이라." (에베소서 2:10)

선교가 생명력을 잃지 않으려면 지역 주민들과 하나가 되어 예수님이 원하시는 공동체로 만들기 위한 노력도 중요하지만 우선 사역자들이 하나가 되어야 한다.

이 장에서는 내 경험을 통한 지난날의 실수와 문제점을 돌아보고, 바람직한 선교와 사역자의 자세에 대해 다시 한 번 생각해 보고자 한다. 이 일이 지상의 첫 선교사이신 예수님을 따르려는 분들에게 작은 도움이 되기 바라며, 예수 믿고 구원받은 이들의 목표가 전방이든 후방이든 선교에 헌신하는 것이 되기를 기원해 본다.

지 다 하나님의 영광을 위하여 하라.'고 하듯 예수 믿는 사람들의 목표는 하나님의 영광을 위한 것이어야 할 것이다.

선교의 사명은 롬 1:14-17, 요 6:38-40에서 확인할 수 있다.

3 교단의 선교 사명

나는 침례교단 소속으로, 침례교단은 관계형성이 엉성한 때문일까 왜 선교에 그토록 더딜까 좀 더 적극적인 선교를 했으면 하는 바람이 있었다.

한국에서 나는 장르교인이었다. 어릴 때 진주와 부산에서 교회를 다니다 보니 자연스럽게 그 지역에서 보편적이던 고신 측 장로교인이 되었다. 미국에 와서 침례교회에 다니면서 침례교회에 대해 알게 되었다.

TEXAS A&M 대학교에서 공부할 때, 미남침례회교단은 외국 학생들 선교를 위해 Baptist Union(침례기독학생회) 주관 하에 학생들을 그 지역 남침례회 성도들 집으로 연결해 주었다. 집 떠난 유학생들이 추수감사절이나 성탄절을 이웃과 함께 보낼 수 있도록 배려해 준 것이다.

우리 가정은 초등학교 선생님으로 은퇴한 바이올라 켈리(Viola Kelly)라는 분과 연결되었다. 그 분은 펀드 매니저였던 남편과 사별한 후로 봉사와 선교에 헌신하며 살고 계셨다. 나는 그 분을 만나면서 나의 믿음에 대해 새롭게 눈 뜨게 되었다. 그때까지 나의 신앙은 관념적이고 현실과 분리되었으나, 하나님과 사람을 섬기는 행동하는 믿음을 현실에 적용한 그 분을 만나면서 나는 내 신앙을 진지하게 점검하게 되었다. 그 후 나는 실천적인 침례교 신앙에 강한 인상을 갖게 해주신 그 분을 나의 영적 어머니로 모시게 되었다.

베네수엘라 해양연구소 연구 교수로 미국을 떠나려 할 때, 바이올라 여사는 진정한 신앙 고백 위에 받지 않은 세례는 의미가 없다며 나에게 다시 침례를 통한 신앙 고백을 권면했다.

1977년 6월, 나와 아내 그리고 딸 원아 3명이 휴스턴 소재 Garden Oak Baptist Church에서 침례를 받고, 예수님의 주님 되심을 우리 입술로 고백하며 우리는 침례교인으로 첫 발을 내디뎠다.

같은 해 8월, 나는 베네수엘라로 떠났고 다음해인 1978년 나를 찾아온 베네수엘라 쿠마나에 파송된 미남침례회 소속 Eugen & Eva Kimler(유진과 에바 킴러) 선교사 부부를 만났다. 알고 보니 바이올라 여사가 미남침례회 해외선교부에 요청해 나를 찾아가도록 한 것이었다. 그 다음 주부터 우리 가정과 선교사 가정이 우리 집에서 함께 예배를 드리며 현지인 교회를 개척하게 되었다.

그로부터 4년 뒤 선교사 부부는 안식년이 되어 미국으로 떠났고, 나는 뜻하지 않게 교회를 이끌어야 할 상황에 놓였다. 그리고 그 후, 나의 삶은 내가 전혀 의도치 않았던 길로 들어서며 남침례회 자비량 선교사로서의 삶을 살게 되었다.

1987년, 하나님께서는 나를 미국에 있는 한인 침례교 목사님들과 교제하도록 이끌어 주셨다. 미남침례회 국내선교부 NAMB(North American Mission Board) 문대연 목사님이 베네수엘라를 방문하셨고 나에 대한 소문을 듣고 쿠마나로 내려오셔서 교제하게 되었다. 그때 문 목사님은 나에게 미주한인교회 남침례회 선교사가 될 것을 청했고 나는 기꺼이 응했다. 나는 어디서 사역비를 받는 선교사는 아니었지만 공식적으로 미주한인 남침례회 소속 선교사로 이름을 올린 것이다.

다음 해인 1988년 한인 세계선교대회가 시카고에서 열렸고, 문대연 목사님이 추천하여 나는 침례교 선교사로 초청되었다. 그곳에서 해외선교부장으로 섬기던 박근서 목사님을 비롯해 문대연, 이재덕, 고광철, 문종성, 윤여각 목사님 등 여러 목사님들과 인연을 맺게 되었다.

나는 침례교와 연결고리가 없어 침례교회 재정지원이 되지 않았는데 88 세계선교대회 자무토 코네티컷 장로교회 즈권행 장로님이 개인자격으로 나를 초청했다.

그 후 나는 미주 한인 침례교 목사님들과 교제하면서 기대감에 부풀었다. 교수로 홀로 선고사역을 감당하기에는 어려움이 많았기에 동역할 목사님들이 생겼다는 뿌듯함이 컸었는데 실상은 기대와 달랐.

베네수엘라 사역에 역동적으로 참여하는 침례교회나 목사님들이 많지 않았기 때문이다. 사역에 힘을 실어주신 분들은 여전히 장로교 목사님들과 88 한인선교대회 때 연결된 목사님들이었다. 그 후 실망한 나는 내가 한국 침례교회 안에 인맥이 없기 때문이라고 생각하며 기대를 내려놨다.

쿠마나복음신학교를 설립하는 과정에서도 침례교회에 대한 나의 기대는 아픔으로 돌아왔다. 나는 쿠마나복음신학교가 미주 신학교와 협력 관계를 맺기 원했으나 내가 목회학 석사와 박사를 마친 골든게이트 신학대학원의 노재영 교수님의 도움으로 간신히 CLD(Christian Leadership Development) 교재 사용만을 허락받았다. 나성침례교회의 캘리포니아 신학대로부터는 협력이 불가능하다는 통보를 받았고 시애틀 페이스신학교는 등록금을 요구했다.

나는 선교지에 세워지는 신학교를 위해 모두 발 벗고 나서줄 것으로 믿었으나 현실은 그렇지 않았다. 그러던 중 조카 결혼식을 위해 메릴랜드를 방문했다가 안준식 목사님과 교제 중 나의 상황을 들은 목사님이 돕겠다며 흔쾌히 나서주셨다.

안 목사님은 한우리침례교회 담임목사로 메릴랜드 신학교 학장이셨는데, 자신의 학교와 협력 관계를 맺어주어 하나님께서 길을 열어주시는 순간이었다. 그렇게 목사님의 도움으로 쿠마나 신학교 졸업장이 미국에서도 인정받는 졸업장으로 미국 영사의 인증서(Apostille)를 받게 되었다.

그래도 침례교단에 감사한 것은 2008년 첫 졸업식에 미주한인침례교 해외선교부 서세원, 조낙현, 강승수, 신동호 목사님들과 박준배 선교사께서 함께 하시고 후원해 주신 일이다.

돌다리도 적당히 두드렸으면 하나님께서 약속하신 저 산지가 우리 것이라는 믿음으로 걸어가야 한다. 한 때 교단이 답답했던 것은 사실이고, 시간이 가고 나의 연수가 더할수록 그만큼 조급함도 더해가는 것도 사실이다. 하지만 선하신 하나님께서 이루어 주시고 행하실 줄 믿는다.

Let us go together! 할렐루야 아멘!

교단 선교사 파송에 관하여

미주 남침례회 한인침례교회 총회 해외선교부 지원 선교사로 파송하는 선교사는 파송선교사와 협력선교사 둘로 분류된다. 파송선교사는 파송교회가 선교지역과 교회사정을 고려하여 재정지원하며, 해외선교부 승인으로 IMB나 한국침례회 해외선교훈련원이나 권위 있는 타교단 파송선교사 훈련과정을 준수한 후 파송하며 총회 때 파송식을 한다.

협력선교사는 현지에서 오래 선교사역을 잘 하고 있는 선교사를 해외선교부에서 감찰하고 사역을 더 잘 하도록 협력선교사로 추천한다. 다른 교단의 선교사도 포함하는데 나는 협력선교사를 선교부 이사회에서 결정하고 훈련도 현지선교사의 배려로 받지 않아도 된다는 것을 몰랐다. 따라서 이사나 해외선교부를 도운 목사님들이 선교훈련 없이 간단한 사역예정보고만으로 협력선교사로 가는 경우가 있다.

현지 선교사로서의 내 생각은 협력선교사는 현지에서 사역을 잘 하는 선교사로 선별하여 침례회 선교부에서 별도 훈련과정을 거쳐 파송하면 어떨까 하는 생각이다. 파송절차는 지켜야 잡음이 없을 것이라 선교사와 후원교회, 교단과 선교사의 관계가 잘 정립되어지길 기원한다.

제2장 고려해야 할 선교 이슈

타문화를 인정하는 선교

하나님 창조 세계의 다양성을 존중하며 그리스도 안에서 하나 되는 목표를 이루는 것이 기독교 복음의 핵심이기 때문에, 선교사는 그들의 언어, 문화와 전통을 공부하고 이해하며 존중하는 자세를 가져야 한다.

"그러므로 너희는 가서 모든 민족을 제자로 삼아 아버지와 아들과 성령의 이름으로 침례를 베풀고 내가 너희에게 분부한 모든 것을 가르쳐 지키게 하라 볼지어다 내가 세상 끝날까지 너희와 항상 함께 있으리라 하시니라." (마태복음 28 19-20)

"바벨탑이 무너지고 성도들을 흩어 땅끝까지 보내 하나님의 나라가 바다에서 바다까지 유브라데 강에서 땅끝까지 이르는"(스가랴 9:10)일에 동참하려면, 그 지역의 문화와 자연환경을 아는 것은 매우 중요하다.

그들이 주님을 영접하면 침례를 베풀 때 자연을 이용한 침례는 주님의 높고 위대하심을 직접 경험하며 감사를 느끼게 되어 효과적이다.

쿠바에서는 그나마 허락되지 않는 지역이라 '이가 없으면 잇몸으로'라는 말이 있듯이 플라스틱 풀을 가지고 가서 바람을 넣어 사용했다. 물을 뿌리는 것보다는 훨씬 적극적인 방법이었다.

코로나 19과 선교

지난 몇 년은 코로나 19로 쿠바 한인 후손 방문도 닫혀 쿠바 정부의 외국인 입국 허용을 기다려야 했다. 베네수엘라 쿠마나도 예배가 어려워졌다. 휘발유는 리터당 $2이 되고 사회보장연금 $4로는 달걀 한 꾸러미 정도 살 수 있다. 컴퓨터와 셀폰도 부족하고 인터넷 사정이 악화되어 온라인 예배나 줌 예배도 어렵다.

다행히 베네수엘라 카리브복음신학원은 2022년 9월 14일 가을학기가 개강하면서 대면, 온라인, 통신강의를 병행하여 120여명이 등록하였다. 타주 Monagas San Joaquin(모나가스 산 호아킨 시)와 Anzoátegui Anaco(안소아테기 주 아나코 시)와 Sucre Cariaco(수크레 주 카리아코 시)에도 분교가 세워졌다.

2020년 3월 해외선교부장 장요셉 목사님의 빛과 소금의 교회도 함께 하기로 했으나 Covid-19으로 무산되었다.

쿠바 한인 후손 마을에도 복음이 전해져 이들을 통해 쿠바가 복음화 되도록 기원하고 있다. 캐나다와 쿠바는 오래 좋은 관계를 유지하고 있어서 캐나다 한인교회가 쓰임 받을 좋은 기회로, 캐나다 토론토 은혜와 평강교회가 적극적으로 동참하고 있다.

뉴 미디어 시대의 미디어 선교

미디어는 인간을 이어주는 도구로 우리 삶 속에서 여러 형태로 탄생하고 발전해 왔다. 기독교는 미디어를 복음 전도와 선교 도구로 사용하며 구원의 길도 성경이라는 미디어로 인간에게 계시되었다.

사도 바울은 로마서에서 믿음은 들음에서 나며(롬 10:17), 전파하는 자가 없이 어찌 들을 수 있느냐(롬 10:14)고 반문했다. 듣지 못한 이가 믿게 되기까지는 시초에 전파 매개체(미디어)가 있었고 이를 통해 믿음은 시작되었다. 복음전도와 선교 역사는 미디어와 늘 함께 해 왔고 요즘은 유튜브 같은 영상 선교가 효과적이다.

영상을 뜻하는 비디오(Video)는 '보다(Vi)'와 '하나님(Deo)'이란 단어로 헬라어 합성어다. 즉, 비디오란 '눈으로 볼 수 없는 하나님을 영상을 통해 보는 것'이다. 따라서 영상 선교(Video Mission)는 세상 만물과 인간의 삶에 개입하시는 하나님의 영상을 사람들에게 보여주는 것이다.

하나님의 메시지가 담긴 성경과 복음은 시간이 흘러도 변하지 않지만 미디어는 끊임없이 변한다. 인터넷과 스마트 기기의 발달은 새로운 미디어 시대를 만들기에 현대인들 눈높이에 맞는 선교전략 방법이 연구되어야 할 것이다.

베네수엘라는 인터넷으로 연결이 되지만 쿠바인들과는 인터넷 연결이 어렵다. 하지만 WhatsApp 같은 좋은 첨단 앱이 있어 간간히 연락을 유지하고 있다.

선교 협력자의 도움

베네수엘라에서 개척한 교회들이 안정되고 우리 부부도 늙어가면서 한인 교역자가 쿠마나에 오면 도움이 되겠다싶어 여러 번 초청을 추진하였다.

파나마 이민 1세 그대권 목사, 아르헨티나 1.5세 최 스테반 목사, 아르헨티나 2세 김임수 목사들이었으나, 장로교 출신 김 목사는 해외선교부 승인까지 받고 능력침례교회에서 날짜를 정하고 침례까지 약속했으나 이뤄지지 못했다.

사모나 부인들의 타국 거주 반대가 더러는 사역의 걸림돌이 되기도 하여, 초청과정에서 반드시 사모가 현지 사정을 직접보고 동의해야 한다고 주장해 쿠마나를 방문케 한 적도 있다. 경제적 어려움을 감수하고 오니 아파트도 제공하고 월급도 현지목사보다 더 주도록 하고, 사모도 동의해 함께 사역할 것으로 믿었다. 언어가 훈련될 때까지 당분간 목사가 설교하고 사모가 통역하도록 권유도 했지만 사모가 오지 못 한 경우도 있다.

어떤 분들은 남미 사역을 미국 거주를 위한 징검다리로 이용하지만 하나님께서 허락지 않으니 이루어지지 않는 것도 보았다. 미국이나 캐나다 이민을 목표로 사역을 원해 초청을 포기한 적도 있다.

2010년쯤 GSM 선교대회 참석 차 가던 중 오리건 주 포틀랜드를 지나며 해외선교부 총무인 김진규 목사를 그냥 지나칠 수 없어 시애틀을 방문하게 된 사정을 알리자 점심식사를 같이 하지고 하여 12시 30분경으로 정하고 시애틀로 향했다. 비가 오고 앞이 잘 보이지 않고 또 샌프란시스코에서 새벽에 출발하다 보니 고단하기도 했다. 그런데 아뿔싸! Beverton으로 가야하는데 다리 중간에서 차를 세우고 20분쯤 늦겠다고 하니 너무 늦어 함께 할 시간이 없다고 하신다. 먼 자동차 여행길에 20분 늦는다고 만남을 거절하니 마음이 터지는 것 같았다. 50대 젊은 사역자들은 시간관념에 너무 엄격한 것 같았다.

그러나 오리건에서 안디옥침례교회를 섬기는 임철수 목사님과 사모님을 만났다. 쿠바 선교에 관심이 많아 함께 갔으면 하셨지만 여러 사정으로 먼저 들어가야 하므로 아바나에서 만나자니 어렵다고 하신다. 어르신 목사님들을 모시고 다닐 수 없으니 이를 어쩌랴.

선행을 통한 공동체에 헌신

선교사는 말로만 복음을 증거 하는 것이 아니라 선행을 통해 공동체에 헌신하여야 한다.

코로나로 발이 묶이기 전 해외선교부의 2차 쿠바 비전 선교여행 때였다. 월요일에 홀긴에 도착하도록 계획하고 동부침례총회와 동부신학교를 방문하며 아바나로 가면서 중간에 한인 후손들과 만날 예정을 잡고 통보를 했었다. 그런데 가시기로 한 김 목사님이 다른 일로 갈 수 없다 하셔서 몇 주 남았으니 그 일을 연기하거나 앞당기면 어떻겠냐고 물었더니, "정 목사! 당신이 돼 내 목회에 간섭하느냐?"고 따져서 "죄송합니다." 하고 통화를 종료한 적이 있다.

나는 그 통화 후 한없이 울었다. 일정은 내 마음대로 할 수 있는 일이 아니다. 결국 조낙현 이사장 목사님, 장요셉 부장 목사님 그리고 한분의 해외 선교부 목사님이 동행하였다.

동부지역에서 아바나로 가는 중 카르데나스 한인 후손들과 오후 7시 예배가 예정되어 있었지만 운전기사의 실수로 마탄스스 입구까지 갔을 때 이미 7시가 되었다. 15분 정도 늦을 것 같은데 두 분 목사님께서 다른 사정으로 그냥 가자고 하셔서 그곳 한인 후손들과 약속을 지키지 못했다.

다음날 서부총회와 아바나 서부신학교를 방문해 조 목사님께서 마련한 헌금 $4,500을 서부침례신학교 학장에게 전하고 학생들과 교제한 후, 다음날 목사님들은 출국하였다. 나는 오랜 시간 고대하며 기다리던 그들에게 큰 상처를 주었기에 그들의 마음을 풀기 위해 아바나에 남아 한인 후손인 아델라이다 목녀에게 전화를 걸었다.

"앞으로 선교 프로그램에서 카르데나스는 지우세요!"

화가 단단히 난 모양이다. 오후 4시부터 7시까지 기다렸으니 그 기분이 오죽했으랴? 나는 김 안토니오 회장과 그들을 방문해 차량사정으로 늦었다고 빌고 또 빌었다.

다음 주로 다시 날을 정하고 약품과 옷들을 나누어 주며, 그들을 닭튀김 식당으로 모두 초대해 큰 잔치로 화해하였다.

쿠바인들의 자존심은 대단하다. 그 중에도 소수민족으로 살아남은 한인 후손들이니 말해 무엇 하랴?

현실주의와 이상주의의 상충

성령의 부르심을 받은 사람들의 선교 사역은 온전한 헌신의 마음가짐이 있어야 한다.

더러는 희생과 절대적 충성이 없는 50대, 60대, 70대 선교사들이나 목사들의 현실주의와 오로지 한 목적만 보고 맨땅에도 헤딩 하려는 자세를 가진 80대 목사들의 이상주의가 상충되곤 한다. 80대 목사들은 "해 봤어? 그럼 해 봐야지!" 라는 마음으로 안 되면 될 때까지 밀어붙이는 작전을 펴기에 그들의 생각과 사역 방향이 좀 다르다.

사역지로 갈 때 시간과 사역 연결고리를 생각하며 밤 비행기나 새벽 비행기 이용을 당연히 여기지만, 젊은 사역자들은 편안한 시간을 잡고 무리한 여정엔 손사래를 친다.

물론 직업인 것은 맞지만 젊은 목사나 선교사를 직업으로 간주하는 경향도 많다. 어떤 분들은 선교보다 하나의 교과 과정처럼 지나가는 태도를 가진 분들도 있다. 다른 생각, 다른 행동, 다른 방향으로 달려가더라도 어쨌든 우리의 목적은 한곳 예수님이시고 하나님은 우리의 중심을 보신다.

분열과 갈등과 이전투구 식 싸움으로 선교지에서 하나님의 신뢰가 추락해서는 안 될 것이다. 옛말에 "If you go to Rome, act like Romans!"(로마에 가면 로마인처럼 행동하라!)는 말이 있다. 쿠바에 왔으면 쿠바의 법과 습관에 따르는 것이 맞다.

선교사의 인성(personality)

쿠마나 초청 항공비용도 자비량 선교사인 내가 부담 하였음에도 하나님께서 허락하지 않으니 일이 성사되지 않은 경우도 있었다. 골든게이트 신학교 출신으로 볼리비아에서 10년을 살고 칠레에서 2년 반을 병원에서 봉사한 55세 선교사가 남은 생을 주께 헌신하고 싶다고 해서 감동으로 그 목사를 초청하였다.

베네수엘라의 쿠마나 사역은 신학교 사역이 주지만, 쿠마나 중앙침례교회를 맡고 신학교를 중앙교회로 옮기면 거주 아파트와 비자 문제 등이 해결될 수 있기에 나는 그무되었다. 선교부가 추천해 신학교 수업을 중앙교회 교실로 옮기고 그 목사가 부임하기 전 우리 부부가 살던 사택을 내줄 준비를 하며 중앙교회 교실에 에어컨 설치 등을 추진하였다. 카리브복음신학원 현수막을 중앙교회에 달고 수업준비도 완료하였다.

2013년 총회에 사모도 참석하고 선교부에서 나와 선교사 취임도 하여, 사역지로 가기 전 훈련받고 2014년 총회 때 사모와 함께 선교부에서 파송하는 것으로 알았다. 하지만 부부가 함께 동사하겠다는 약속한 것을 어기고 2013년 10월 정덩진 목사 홀로 베네수엘라에 도착했다. 사모는 내년 5월 아들 대학 졸업 후 온다고 했다.

2년 정도 미국의 한국교회 목사님을 초청해 수업하면 신학교가 다져지고 그동안 신학교와 쿠마나 교회들과 교제하고, 방문 목사님들 접대도 할 줄로 예상했다가 크게 낙담이 되었다. 선교비 전과 세대 차이를 절실히 느끼며 현지화를 2년 앞당기기로 했다.

훈련은 언제 받고 IMB 훈련소나 한국침례선교훈련원 중 어디를 선택하였냐고 물었더니 언어문제와 선교 헌금모금 등을 고려해 한국을 선호한다고 했다. 그즈음 내가 교회에서 총탄을 맞고 쓰러지는 일이 있었으나 다행히 곧 움직일 수 있게 되어, 2014년 3월 24일 중앙침례교회 창립 23주년 기념일에 쿠마나 목사회 현지 목사님들을 초청하고 중앙교회를 인계하였다.

이런 와중에 목사님은 자기가 살던 로스앤젤레스를 4번이나 다녀왔다. 선교사로 온 후에도 마음은 딴 곳에 두는 것 같아 마음이 아팠다. 쿠마나에서 봉사는 하지만 미주 한인교회를 섬길 스펙을 위해 마음은 콩밭에 있는 것으로 느껴졌다.

중앙침례교회 인계 후 나는 새로 온 목사가 적응하도록 6개월간 예배에 참석하지 않았다. 3개월은 내가 설립한 다른 교회와 카리브신학교 학생 교회를 방문하였고 3개월은 한국에서 정밀 신체검사를 하며 미주에서는 여러 교회를 방문하였다.

내가 나와 있는 사이 2014년 가을학기가 8월에 시작하였는데 중앙교회에 준비한 학부와 신학대학원 2교실 중 하나는 수업준비가 되어있지 않았다.

신학교 현지화가 2년 앞당겨지면서 그 목사를 신학교 행정담당 부학장으로 신학교 회의 때 결정하였고 신학교 사정을 재직들과 교신하며 목사에게도 메일을 보냈다.

그런데 목사는 개학이 언제인지 몰랐다며 학부교실만 전 신학교 건물에서 수업하도록 바꾸었다. 중앙교회 간판을 새로이 페인팅하며 옆자리에 카리브복음신학원을 홍보하도록 합의했는데 그것도 빠졌고 그 목사는 중앙교회총회를 열어 청소년들을 한 그룹으로 앉히는 등 분위기가 이상하더니 헌법을 바꾸도록 요구했다.

중요안건이 1. 정경석 목사를 원로목사에서 지울 것. 2. 교회제직 및 투표자격이 2년 이상 교회에 출석한 자로 되어있는데 침례 받은 자로 고칠 것. 3. 중앙교회에서 카리브신학원을 나가도록 종용할 것.

이 모두 침례교리에 어긋나며 특히 카리브신학원은 타교단의 학생들이 많고 교인들에게 영향력을 미친다고 주장하였다. 젊은이들에게 스마트폰을 주고 목장에게 장학금을 주며 주인노릇을 하기 시작한 그 목사의 권한으로 주보에서 원로목사인 내 이름은 지워졌고 그는 나와 사역을 의논하지도 않았다. 그런데 최근 중앙침례교회 회칙/헌법을 수정하는데 투표

권자를 2년 이상 저직자로 바꾸었다. 자기가 목사가 되니 다시 제자리로 돌아가는 모양이다.

LA 방문 중에는 집사들에게 설교하도록 하고 창립기념일 교회개척 보고도 집사가 하도록 하자 교인들이 나를 위로하며 겸연쩍어 했다

베네수엘라 침례총회장이 예배 인도 중 중앙침례교회 내에 베네수엘라 침례교 신학대학 동부지원으로 2023년 3월 침신대지부를 설치하였다.

신학교가 많아지면 좋지만 중앙교회 청소년들 모두 장학금으로 신학생이 되는 것도 문제였다.

카리브신학원에 오려는 학생후보를 막는 것은 동역자의 도리가 아니었다. 비자 내주고 집고 교회까지 넘겼더니 토사구팽이라는 말은 이런 때 쓰는 말 같았다. 목사나 선교사를 선택할 때 신학적 검증 이전에 인성이(personality)이 중요하다는 것을 알았다.

사도 바울은 '우리의 씨름은 혈과 육을 상대하는 것이 아니요 통치자들과 권세들과 이 어둠의 세상 주관자들과 하늘에 있는 악의 영을 상대함이라.' (엡 6:12)고 했다. 동역자의 배반은 나의 열정을 꺾어 놓았으나 다시 힘을 냈다.

어떤 선교지역에서도 전임자와 후임자가 사역방침으로 충돌하여 선교사역에 지장이 많다고 들었다.

선교 지역 한인 교회 목사 안수

문제 많았던 카라카스 한인 교회의 나의 목사 안수로 많은 생각을 해보았다.

내 생각으로 목사는 신학공부를 체계적으로 해야 한다는 생각이다. 신학교 졸업하지 않은 사람의 목사 안수 문제는 남침례총회 국내선교부 Language Director (영어 외 다른 언어 담당자)인 문대연 목사가 제안

한 적이 있다. 최소한 목사의 영혼 구원 문제는 예수님만 잘 섬긴다고 되는 일이 아니고 목사로서 성경적 준비도 되어있어야 한다는 생각이다.

베네수엘라 교계는 간단한 목회과정 교육 후 목사로 안수한다. 거창한 목사고시나 전도사 강도사 경력을 요구하지 않으니 어찌 보면 가장 성경적이다.

부족한 성경적 논리는 남가주 침례교회 박성근 박사의 조언과 설득으로 총회 중남미회와 카라카스 한인침례교회에서 1991년 12월 교회 헌당예배 때 하기로 결정하고 나에게 통고하며 설득하기로 하였다. 그러나 교회 내부적으로 상당한 반대와 어려움이 있었다고 한다.

특히 수대 후배 중 한 명인 문○○이 내가 목사로 부적격하다고 했단다. 그의 선박을 내 이름으로 변경해 준 적이 있는데, 어로작업은 않고 기름을 싣고 바다로 나가 다른 어선에 파는 기름장사와, 상어꼬리를 사거나 교환하는 꼬리장사를 하다 해양경비대에 들켜 내가 재직한 대학까지 소문이 났었다.

문제가 커져 불법작업을 못하게 경고했으나 계속해 결국 운영을 중단시킨 것도 문제였던 것 같다.

1980년과 1990년 대 베네수엘라 국적 배들은 당시 기름을 국제가격의 25% 선에서 공급받아 많은 외국선박이 베네수엘라 국적으로 변경해 운영하였다. 선주가 베네수엘라 국적이면 배도 베네수엘라 국적이 되기 때문이다.

하루는 카라카스의 수대 후배 중 한 명인 양○○이 연안에서 도미, 메로 등을 잡는데 도와달라고 해 내 신상정보를 주었더니 나도 모르게 국적변경을 하고 배를 운영하였다.

한 후배가 한국에서 갖고 온 배에 문제점이 있다기에 친구인 아마도 카라카스 수산청장을 만나 문제를 해결해준 적도 있다. 수산청장은 해양연구소 소장을 역임하고 내가 베네수엘라어 남도록 도움을 준 가까운 친구다.

하루는 문○○ 동문이 배의 국적변경을 요청하기에 나는 정중히 고사하며 농담으로 만일 정 선교사가 배를 팔아먹으면 어쩌려고 그러냐며 고사했다. 이에 그 동문은 왜 다른 후배 양○○은 도와주고 자기는 냉대하냐고 하기에 절대 내게 폐를 끼치지 않도록 나 없이는 운영할 수 없도록 조치한 적도 있다.

또 한 기관장이 형님 형수님 하며 우리 집을 왕래하며 상어 꼬리장사가 돈벌이가 된다며 교회 사모와 다녔는데, 남녀가 다니면 호세아서처럼 소문이 나기 마련이다.

호세아는 구원이란 뜻을 가진 이름이며 구원자이신 하나님을 뜻한다. 부인 고멜은 남편이 아닌 다른 남자에게 쾌락을 찾는 음란한 이스라엘을 상징한다.

"누가 지혜가 있어 이런 일을 깨달으며 누가 총명이 있어 이런 일을 알겠느냐 여호와의 도는 정직하니 의인은 그 길로 다니거니와 그러나 죄인은 그 길에 걸려 넘어지리라." (호세아 14:9)

이러한 소문과 성도님들의 나에 대한 여론으로 윤여각 목사님이 힘들었다고 후에 내게 고백해 죄송스러웠다. 나는 목사로 적임자가 될 수 없었나 보다.

실은 나도 마음의 준비가 되지 않아 목사 안수식은 포기하도록 말씀드렸으나, 날짜가 잡히고 초대장도 인쇄되어 불가능하다는 통보에 속수무책이었다. 하루 전 토요일에 카라카스 교회에 도착했는데 박성근 목사, 임경삼 목사, 권영국 목사님들이 와 계셨다. 담임인 윤여각 목사님이 걱정하지 말라고 하셨지만 어떻게 답변했는지 어떻게 예배를 드렸는지 정신이 없었고, 신축한 예배당 테이프를 자르고 사진을 찍은 기억이 난다.

장기 선교와 단기 선교

선교사의 역할은 그리스도의 증인이 되어 복음을 전파하며 새 하늘과 새 땅의 새로운 건설자가 되는 일이다.

쿠바 펜데믹 후 2020년 새해에 선교사님들과 선교했던 한 분에게 지난날을 돌아보며 메일을 보냈다.

내게 화내던 사람들을 되돌아보면 "어떻게 그럴 수 있나?" 라며 가슴이 쓰리지만 "그럴 수도 있지."라고 생각하니 슬그머니 마음에 평안이 찾아왔다.

이견을 좁히지 못 해 실망했던 분들의 주장을 다시 생각해보며 용서를 구하고 그들과 함께 갈 수 있기를 소원했다. 마지막 단계에서 이탈을 선포하신 흥분하던 모습도 오버랩 되지만, 잊어보려 산사에 오르니 조용히 회개하게 된다.

쿠바 전역 8개 도시에 산재한 후손들에게 선교할 수 있고 도움을 줄 수 있다면 그 정도는 감수해야 하겠지만, 쿠바 한인 후손들 비전순회선교로 경제적 이익을 챙긴다고 비난하던 모멸감을 잊기엔 너무도 큰 충격이었다.

'선교 오시는 여러분들, 1,000km 장거리 여행에 더 경제적인 방법이 있다면 알려주세요. 현지 구입보다 좀 비싸긴 하지만 민박 체류는 2-3개월 전에 AIR B&B를 통해 정해야 날짜와 장소가 확실합니다. 특별히 아바나 구 시가지에서 12개 침대를 보유한 장소 찾기가 쉽지 않고요.'

당시 호텔숙박과 식사비, 일주일간의 렌트 차량비 등이 1인당 모두 $800이었는데 2분이 지불하지 않았고, 나의 말에도 자신의 계산방식으로 판단하고 힐책하는 고성에 당황스러워 무기력해져 오래 힘든 시간을 견뎌야 했다.

그런데 선교오셨던 한 분이 목사님들의 사역을 도와주는 것을 나중에 알았다.

이제 한국이 경제적 대국이 되었으니 좀 더 포용력과 넉넉한 마음으로 선교지 주민들을 아끼고 목사님들을 잘 보필하여 성공적인 선교 여행이 되기를 바랐다.

당시 Habana Vieja(구 아바나) 시의 Malecón(말레콘)과 Galiano(갈리아노) 사이에 위치한 호텔 Deauville(데아우비여)는 수리 중이라 특별할인으로 하루에 $130이었다. 보통 호텔은 $300 내지 $500 정도로 미 지불비가 $1,600이니 이틀간 머무는 데는 더 경제적이라 판단하였나보다.

쿠바 서부침례총회 서부침례신학대학 혁명광장, 아바나 한-쿠바 우정회관 한인 후손들 초청 대잔치, 아바나 유일한 한인식당 저녁식사, 헤밍웨이 저택 및 구 아바나시가지 호텔 등… 가장 핵심적인 방문이 있는데 말이다.

한치 앞을 못 보니 너무 슬프구나!

선교여행 행사내용을 상세히 설명하지 않은 내 잘못이로다.

버지니아 페닌술라한인침례교회 정세영 목사는 홀긴 지역 선교여행 후 제이침례교회 알파와 오메가교회 사역에 동참하고, 후안로드리게스 목사를 미국에 초청하였으나 페닌술라교회 사정으로 무산되었다. 많은 경험과 견문을 가진 은퇴목사나 훈련단체, 선교단체들이 선교지에서 좋은 말씀과 찬양으로 선교지를 열광케 하는 경우가 많다. World Patrol Mission 세계순회선교회 김형윤 목사와 함께 온 한국침례교회 목사님의 말씀이 좋고 찬양이 율동과 더불어 환상적이며 은혜스러웠다.

하지만 더러는 자기단족과 관광에 관심이 더 많고 특수 선교지 방문보다는 자신들 동영상 촬영과 자연사진에 더 몰입하기도 한다. 선교지원에 인색하고 지나치게 경비를 따지기도 한다. 일정이 끝난 후 따지면 좋겠는데 모욕감은 내 가슴을 멍들게 했고 전액을 돌려주려다 모멸감보다 현실을 택해, 그 돈으로 쿠바 한인 후손들에게 도움 주는 방향으로 마음을 바꾸었다.

그럼에도 기도로 물질로 선교지 방문 때마다 지원하며 구제에 도움을 주고, 선교사를 배려하며 선교사 여행경비도 지원하는 교회 후방 선교사들, 선교사를 적극 돕는 교회들이 많기에 고맙고 선교여행 갈 때마다 힘이 솟는다.

전 지역 쿠바 선교여행 후 청소년 훈련이나 지도자 양성 프로젝트 등 특별 프로그램으로 기도하는 교회단체는 선교오신 목사님을 소개하면 그 교회 여러 프로젝트에 참여가 가능하다. 청소년과 합동훈련도 가능하지만 실은 한 주 쿠바 전 지역 선교 여행 오는 것도 어려운 경우가 많다.

어떤 이유든 선교에 참여한 것은 하나님의 섭리로 복음 확장에 도움이 되는 분들이다. 나는 소통 방법이 부족해 가끔 마음이 편치 않지만 더욱 분별하여 하나님이 기뻐하시는 일을 계속하기로 마음을 다잡는다. 가끔 선교 일정을 상세히 설명하자 않아 오해를 받을 때도 있는데 내 성격 탓으로 고쳐야지 하면서도 '세살 버릇이 여든 간다.'는 말처럼 아직도 그 모양이다.

왜 미국이나 캐나다 한국 사역자들이 가까운 중남미보다 동남아시아 단기 선교여행을 선호하는지 알아보았다. 선교가 주인가, 고국방문이 주인가, 아니면 둘 다인가? 한 화살로 두 마리를 잡으려는 것인가? 꼰대의 케케묵은 생각인가, 젊은 사역자들의 신선한 마음가짐인가?

미주에서 중남미 선교는 주로 자동차를 사용하여 청소년들을 데리고 여름에 부목사나 전도사 책임으로 한번쯤 간다. 그런데 동남아 단기선교는 장년들이 가고 이때는 대부분 담임목사도 동행한다. 동남아 선교는 가까운 한국 교회 곳이지만 미국이나 캐나다 한인교회들이 많이 참가한다. 왜일까? 아마도 단기선교 이름으로 선교도 하고 한국도 다녀오는 누이 좋고 매부 좋은 단기 선교여행이기 때문인 것 같다.

단기 선교에서는 선교지에서 하나님을 경험하면 짧은 시간 안에 새롭게 태어나는 일들이 일어날 수 있어서 적극 권장한다. 단, 잠시 다녀가는 단기 선교사가 장기 선교사들을 제외시키며 현지인과 분리를 조장하면 장기 선교사들은 마음의 상처를 입는다.

때로는 단기 선교사들이 다녀간 후 분열이 조장되는 경우가 있다. 하나님께 초점을 맞추고 원칙을 준수하면 선교사가 선교사를 죽이는 일은 없을 것이다.

우리가 주님 앞에 설 때 내가 너를 참으로 사랑한다는 칭찬과 격려를 받을 수 있다면 얼마나 축복일까?

성도가 은혜를 받고 기쁨으로 주의 일에 힘쓸 때, 교회에서 인정받고 사랑도 받는다. 성도는 무엇보다 하나님과 교회 앞에서 인정받기 위해 늘 힘써야 한다. 선교 현장에서 예수님을 나타내는 삶을 살면 우리 믿음은 밖으로 드러날 것이다.

한 지역만 섬기는 단기 선교사들의 생각과 방법이 최선일 수도 있지만, 각 지역의 가정교회와 한인 지역회에 도움이 되고자 하는 장기선교와는 선교방법이나 계획이 근본적으로 다를 수 있다. 두 선교 모두 하나님이 기뻐하시도록 주님의 축복이 함께 하기를 소망한다.

쿠바에 와서 쿠바 선교에 관심 없다는 한 장로님 말씀에 가슴이 덜컹 내려앉은 적이 있다. '그러면 큰 돈 지불하고 고생하며 무엇 때문에 여기까지 오셨어요?'라고 묻고 싶었다.

어떤 그룹은 Ugly Korean Christians(추한 한국 기독교인 추태)를 벌여 얼굴 들고 한인 후손들 만나기 부끄러운 일도 있었다. 밥 사주고 헌금하고 쓴 소리를 들을 때면 나는 속으로 중얼거린다. '여기는 쿠바이니 질서를 지켜주세요.'

예배처와 신학교를 통한 선교

90년대 전도사 시절 단기선교로 오신 강승수 목사님 도움으로 카리브복음신학원이 선교부의 승인을 받고 2005년 개원하였다. 그 후 여러 한인목사님들이 쿠마나에 오셔서 강의해 지금까지 학사 석사 특수과정에서 120여명이 졸업했다. 현재는 신학교 현지화를 통해 선교가 이루어지고 있다.

제3장 디아스포라 선교

디아스포라는 '고향을 떠나 사는 흩어진 사람들'을 의미하는 헬라어 diaspeirein에서 유래했다. '무엇을 통하여'라는 뜻의 디아(dia)와 '심는다'는 동사 스페이레인(speirein)이 합쳐진 말로 심다, 뿌리다, 씨앗 등의 의미를 내포한 수확을 염두에 둔 말이다. 즉, 디아스포라는 복음의 씨앗으로 그리스도와 성령으로 보냄 받은 사람을 의미한다.

파송 받아 흩어진 사람들인 디아스포라는(행 8:4, 11:19) 바울과 바나바를 파송함으로 천국 복음이 확산되어 기독교 역사가 시작되었다.

디아스포라 선교는 그 지역 공동체만이 아니라 현지 교회와 단체와의 관계와 상황을 고려하고 협력해야 한다. 나는 쿠바 한인 후손에 애정을 가지고 그들에게 동기부여와 동력화를 위해 쓰고 있다. 쿠바 한인 후손 복음화 사역에 대한 현황과 선교의 의미를 찾고 맺을 열매에 대한 비전을 갖고 있다. 타문화 선교가 아닌 서로 통하는 한인의 끈끈한 정이 나를 끌어당기는 것 같고, 성경 말씀을 전하고 설교할 때 하나님 사랑이 넘치는 것을 경험한다.

쿠바 한인 후손 사역

쿠바 한인의 특징은 정치적, 경제적인 압박요인 때문에 생존을 위해 강제적으로 고난 속에 있는 모국을 떠난 사람들이다. 그 선조들은 조국의 독립과 발전에 헌신 했고, 또한 거주국 쿠바에 동화해 사회통합과 발전에 참여해 주요 위치에 있는 사람들도 많고, 한인 가정교회와 한인회 조직 등 한인공동체 형성에 기여해 왔다. 고유한 우리 문화와 정체성을 유지하고자 노력해 왔고, 고국에 대한 연대감을 갖고 있어 선교에 효과를 볼 수 있는 민족이다.

1997년 시작한 쿠바 한인 후손 사역이 2024년 올해로 28년을 맞고 있다. 쿠바와의 첫 인연은 1987년 아바나에서 열린 중남미 카리브연안 해양학 CUBAMAR 세미나였다. 그 후, 쿠바에 수산업을 위해 진출한 지인을 통해 그곳에 한인 후손들이 있다는 소식을 듣고, 그들을 선교하겠다는 의지로 베네수엘라에서 쿠바를 오가기 시작했다.

한인 후손들을 중심으로 한 사역이 진행되면서 나는 침례교회에 그곳 상황을 알렸으나 실제 참여하는 교회나 목사님은 없었고, 대신 시애틀 연합장로교회와 뉴저지 초대교회가 반응해 주었다.

1999년 샌프란시스코 제일침례교회에서 장경동 목사를 초청해 목회자 세미나를 하면서 침례신문 발행자 유진대 목사님이 선교보고를 하라고 나를 초청하였다. 나는 쿠바에 선교 문이 열려있다고 외쳤으나 총회도 해외선교부도 반응이 없었다. 그때 내 마음은 침례교 선교사로서 허공에 홀로 버려진 느낌이었다.

1987년부터 해외선교부 파송선교사로 이름이 오르긴 했지만, 정작 중요한 사역은 침례교단과 함께 하지 못했기 때문이다. 자비량으로 참가한 것이 헛수고가 됐다. 합법적으로 쿠바에 가는 길은 미국에서 직항이 없어 베네수엘라나 멕시코를 경유해 방문하였다. 한인 후손 사역을 진행하면서 쿠바 마나티 항구에 한인 입항기념비를 세우고 쿠바 한인 이민사를 발간하였고, 마탄사스 주 엘볼로 한인 후손촌에 기념비를 세웠다.

쿠바 단기 선교는 오바바 대통령이 허락한 후에야 미주한인총회 총회장, 해외선교부 임원 등 16명이 쿠바의 수도 아바나를 방문할 수 있었다. 그들은 마탄사스 엘볼로 한인촌 기념비, 마탄사스 연합신학교, 서부침례총회, 아바나 침례신학교를 방문한 후 돌아갔다. 그리고 그 다음 해 3명의 회장단 임원들이 동부쿠바총회, 동부쿠바신학교, 홀긴과 카마구이 한인 후손들을 방문하였다.

쿠바 한인 후손들은 비극적으로 모국의 가족들과 생이별하고 낯선 이방 땅에서 혹독한 수난과 고통스러운 삶을 살았다. 하지만 고국이 일제의 통치에 있어 돌아가지 못한 채 국적 없이 오랜 세월을 보낸 이들의 후손들이다. 우리 그리스도인의 마땅히 해야 할 사명은 하나님이 이 세상을 사랑하심을 증언하며 그들의 아픔을 보듬는 일이다.

쿠바 한인 후손 사역은 그들과 음식이나 옷, 물건을 나누는 공동체로 초대하는 일로, 진정한 선교는 예수님이 보여주신 환대의 실천이다. 가정교회는 예배, 교육, 상호간 위로, 격려, 교제를 하는 곳이고 교회 바깥사람들을 불러들이기 위한 곳이다. 언어와 문화 장벽을 깨는 마음가짐으로 성과 위주보다 그들에게 주인의식을 심어주고 물질적 지원과 정신적 위로가 되어야 한다.

내가 쿠바 한인 후손들을 포기할 수 없는 이유는 한인 가정교회가 한인 커뮤니티 센터로 영혼 구원 사업의 현주소가 될 것으로 믿기 때문이다.

쿠바의 가정 교회

쿠바 선교는 한인 후손들이 있다는 말만 듣고 달려가 시작했다. 하지만 그곳에 내가 계속 살 수 없기에 한인 후손들이 많이 사는 아바나, 마탄사스, 카르데나스, 시에고데아빌라, 카마구이, 마나티, 홀긴, 마르카네 이렇게 8개 지역에 가정교회를 세웠다.

1959년 쿠바혁명 전에는 미국이나 캐나다의 개신교회들이 지원하여 많은 교회들이 세워졌다. 침례교, 장로교, 감리교, 오순절교, 심지어 아프리카 토속종교 산테리아(Santería), 가톨릭 교회 등 다양하였다. 혁명 후 가톨릭은 불법으로 없어지고 성당은 학교, 유치원, 병원 등으로 변경했으나 다행히도 개신교는 살아남았다. 그러나 교회로서의 법적승인은 해주지 않고 건물도 살 수가 없다.

1999년 캐스트로는 가톨릭과 화해하고 교황이 쿠바를 방문하면서 이제는 가톨릭 신자도 공산당원이 될 수 있게 됐다. 현 쿠바 실정은 가정교회는 인정하지만 건물구입은 할 수 없고 교회로 건물허가도 나오지 않는다. 하지만 집 주인이 교인을 모아 예배할 수는 있었는데, 최근에 구약시절 모세가 세웠던 장막처소 예배처(Tabernacle)는 가능하다는 사례가 있었다. 할렐루야!

쿠바 교인 개인 명의로 집을 구입한 후 뒤뜰이나 안뜰에 장막처소 예배처 교회를 지을 수 있도록 간절히 기도한다. 교인 집에 터가 있고 본인이 원하면 최상이다. 나는 교단을 초월한 각 지역에 모든 교단이 참여할 수 있는 침례를 주는 독립적인 회중교회로 예수생명교회(Hay Vidaen Jesús)가 세워지도록 힘을 합치고 있다. 그 일을 위해 나는 2023년 11월에 다시 쿠바에 다녀왔다. 쿠바 사역은 되도록 많은 분들이 쿠바를 방문해 쿠바 전역에 흩어진 한인 후손들과 그들을 중심으로 구성된 가정교회들을 눈으로 확인하는 것이 우선이다. 현장을 확인해야 비전도 보이지 않겠는가?

그러나 많은 분들은 쿠바 전역을 1주일 만에 돌아보는 것이 불가능하다고 하고, 심지어 쿠바 총회 목사님들도 그렇게 말한다. 하지만 나는 이미 미국에서 두 교회, 캐나다에서 두 팀, 그리고 한국의 3팀을 이끌고 1주일간 쿠바 전역에 흩어진 한인들을 돌아본 경험이 있다. 이들은 쿠바 한인들을 중심으로 세워지는 가정 교회들을 확인했고 많은 사람들에게 침례를 베풀었다. 이제 침례교가 쿠바 사역을 위해서 본격적으로 움직여야 할 때다. 나는 쿠바 한인 교인들이 한인 가정교회가 가진 역량을 최대한 사용하던 이주해 온 다른 이민자들에게 복음을 전하는 교량역할을 할 수 있을 것이라 믿는다. 쿠바 선교는 고국고 분리된 삶을 살아온 6세대까지의 선교를 의미한다. 국내에는 친구와 친족이 없어 친족으로부터 도움도 기대할 수 없기에, 쿠바 선교에 희망은 한인사회에 활력을 찾아주고 한 영혼이라도 구할 길을 여는 일이다. 강력한 로마 제국의 보잘 것 없는 변방인 유대 땅 나사렛 출신의 예수를 그리스도로 고백하는 신앙을 가진 사람들은 소수자요 약자요 변두리 사람들이었다.

신약성경은 흩어진 디아스포라들을 통해 하나님 나라가 확장되며 교회가 왕성해 진 역사적 사실을 강조한다.(행 18장, 벧전, 벧후 등).

쿠바 선교는 먼저 사회봉사로 시작해 그들을 제자화 하여 예배하는 공동체와 교회로 만드는 일로, 한인 교회가 신앙과 삶, 친목과 교육 등 종교적, 사회적 공동체의 구심적 역할을 하도록 돕는 일이다.

한인 후손의 정체성 인정

쿠바 한인들은 오랜 세월 속에도 자신들의 말을 지키고 문화를 지켜온 강인한 민족이다. 무조건 그들을 따뜻하게 대하고 그들의 지난날을 위로하며 한인 가정교회 성장과 공동체 형성에 도움을 주는 것이 쿠바 선교의 사명이다. 이주 동기, 이주자의 배경과 특성, 거주국의 민족 정책 등을 이해하는 일도 매우 중요하다.

쿠바 한인 후손 선교를 지원하는 미주교회들과 후방선교사들의 기도와 물질적 후원에 감사드린다. 청소년 훈련이나 지도자 양성 프로젝트 등 특별 프로그램으로 돕고 기도하는 교회 단체들이 큰 도움이 되었다.

경험과 견문을 가진 은퇴 목사나 훈련 단체, 선교 단체들의 좋은 말씀과 찬양은 선교지를 열광케 한다. 어떤 이유로 선교에 참여하였든 모두 하나님의 섭리다. 나는 소통수단이 미숙하여 가끔 스스로 마음이 편치 않을 때도 있지만, 더욱 분발하여 하나님이 기쁘게 하시는 일을 계속하도록 마음을 다지곤 한다.

이민 2세대 젊은이들에 대한 선교가 중요한 이유는, 그들은 쿠바 문화를 알기에 역선교 가능성을 가진 주요한 공동체. 학생들이 방학을 이용해 일주일 정도 제3국 선교로 구원의 확신은 물론 인생관과 확실한 생의 목표를 정한다면 그보다 더 큰 인생의 투자는 없을 것이다.

쿠바의 신학교

쿠바에는 동부침례총회와 동부침례신학교가 산티아고데쿠바(Santiago de Cuba)에 있다. 서부침례총회와 서부아바나침례신학대학은 수도 아바나(Habana)에 있다. 쿠바 선교를 오신 분 중에는 한인 후손 즉 사람에 대한 관심보다는 '서부 쿠바신학교'에 집중하는 것을 보았다. 먼 동부 쿠바신학교보다는 가까운 서부신학교에만 지원하는 것도 보았다. 성취와 업적 위주의 선교 마인드는 바람직하지 않다 싶었다. 미주에서 오려면 항공편이나 자동차편이나 학교시설 등이 서부신학교가 좋고 오가는데도 편리하다. 하지만 선교는 험지에서 개척하는 일이다.

쿠바 선교 비용: 캐나다 토론토 경유

1주간 리조트프로그램으로 선교반/휴양반이 있다. 단기 선교는 오직 선교만이 아닌 그 지역 관광이 포함되는 것이 일반화되어 가고 있다. 쿠바 단기 선교를 원하는 분은 www.sunwing.ca 들어가 Cuba 동부 Holguin이나 서부 Varadero 들어가 보면 아이디어를 얻을 수 있다.

캐나다 토론토에서 쿠바 왕복항공료는 1인당 캐나다 달러로 $600에서 $1,000로 화요일과 금요일에 출발해 일주일 후에 돌아오는 여정으로 항공료, 호텔, 식사비, 비자 모두 포함하여 $850/1인 인데 2명이면 미화 $1,500 정도가 든다. 2023년부터 미국여권 소지자는 $45 정도의 건강보험료를 지불해야하는데, 캐나다와 한국여권 소지자는 여행비에 포함된다. 한국여권이 세계여행에는 좋다.

  캐나다-쿠바 협정으로 출입국이 편리하며 쿠바에서는 캐나다에서 오는 사람들을 우대하여 공항에서도 빠르게 수속이 된다.

  쿠바 한인 후손 비전순회선교 일정과 비용은 팀 5명 정도면 4천불 정도 든다. 참가자가 8명이라 내가 포함되면 9명이니 12인승이나 16인승 자동차가 필요하다. 큰 개인소유 차동차를 구하기가 쉽지 않고, 쿠바는 차량비가 많이 드는데 동부 홀긴에서 아바나까지 1,000km 이상 6일을 사용해야 한다. 공식적인 정부소유 렌트 자동차는 비싸고 개인소유 자동차를 렌트하면 좀 경제적이다.

  그래서 캐나다 토론토를 거쳐 바라데로를 거점으로 서부지역(아바나, 마탄사스, 엘볼로 기념탑, 카르데나스)의 세 개의 가정교회를 둘러보는 데는, 1인당 미국-트론토 항공료 $500-$600, 바라데로 호텔 숙식비 $800로 미화 $1,300-$1,400과 차량 렌트비 $500정도다.

  동부지역(홀긴, 마르카네, 마나티, 마나티 입항기념비)과 중부지역(카마구이, 시에고데아빌타) 이 두 지역을 홀긴 프로젝트(Sur.wing 프로그램)로 방문하려면 미주-토론토 항공비 $500-$600에 호텔 숙식비 $800에 5곳 방문 차량비를 포함해 미화 $1,500 그리고 캐나다 달러로는 $2,050 정도가 필요하다.

  2024년 3월 현재 8인승 개인승용차를 렌트하여 1주일이나 하루 이틀 더해 한인후손이 사는 8개 지역과 아바나 관광지를 답사하는데 차량비는 미화 $1,500이나 캐나다 달러로는 $2,050 정도다. 민박인 AIR B&B는 날짜 변경이 불가능하니까 2-3달 전에 확정하고 지불해야 한다.

2019년 4월 고국 방문 시 가족들과의 팔순 기념잔치

제6부
황혼의 길목에서

제6부

황혼의 길목에서

미주 한인교회들과의 협력

2023년, 토끼해로 나의 해이기도 하고 어느새 84세가 되었다.

북가주에 있는 콩코드침례교회(현 미션포인트교회)를 처음 방문한 날이 2001년 8월이었으니 21년이란 세월이 흘렀구나. 코로나 19로 교회 모임이 금지되고 선교지도 갈 수 없어 안타까웠으나 덕분에 과거의 삶과 지나온 사역들을 돌아보면서 정리할 수 있는 여유가 생겼다.

이 교회와의 인연은 1995년 베네수엘라 해양연구소 연구교수 안식년으로 시애틀과 캐나다 밴쿠버를 가게 되었을 때 수산대학 동문인 이동호 장로를 만났고, 그 후 수산대학 선배인 시애틀연합장로교회 강세흥 장로님을 처음 만났다. 바로 그 다음날 5년 된 9만 마일을 달린 1988형 Celebrity 차를 $4,750에 구입하였다. 심 집사님이 추천하였고 강 장로님 소개라서 무조건 샀다.

이 차로 나는 캐나다 밴쿠버에서 마이애미로 가던 중, 우리 가족은 캘리포니아 마운틴 뷰(Mountain View)에 위치한 새누리교회를 방문했다. 당시 그 교회 원로목사 김동명 목사님은 대전에서 교회 개척 중으로 안이숙 사모님을 뵙고 기도 안수를 받은 후 로스앤젤레스 새누리침례교회로 갔다.

김동명 목사님은 달라스 서남 신학대학원을 졸업하시고 나성한인침례교회(현 나성새누리교회)를 창립하시고 미국 내 28개 침례교회 개척을 도우신 침례교회의 개척자셨다.

은퇴하시면서 서남 신학대학원 신약학 박사를 마친 당시 32세의 박성근 목사님을 후임목사로 초청하였다. 원로목사 추대식과 새 목사 취임예배에서 김동명 목사님에게 현 봉급대로 지불할 것을 약속하여 참석한 목사님들의 박수갈채를 받았다. 그 후원으로 목사님은 한국의 대전, 남미 베네수엘라, 브라질, 아르헨티나, 파라과이 등에 침례교회들을 설립하셨다. 현 나성 새누리 교회는 나성 시 후원을 받은 매머드 교회로 나성의 기념지(Land Mark)가 되었다. 그리고 노바토침례교회 윤여각 목사님을 만나 골든게이트신학교까지 인도받게 된 인연이 있다.

나는 이 차로 로스앤젤레스 새누리교회(박성근 목사), 엘파소중앙침례교회(정흥기 목사), 달라스제일침례교회(손영호 목사)를 방문하고 마이애미에 와서 베네수엘라로 선적했다. 나는 5년을 더 사용하고 이 차를 $7,000에 팔았다. 이 모두 하나님의 은혜였고 심 집사님 말대로 아무 지장 없이 믿는 대로 달려주었다.

고령이 되면서 청력도 약해져서 예배 때 많은 것을 놓쳤었는데, 미국으로 돌아와 미션포인트교회와 은혜와 평강교회 온라인 예배를 보청기 블루투스로 들으며 은혜를 받고 감사드렸다. 가장 필요한 것이 말씀인데 선교지에서 복음만 전하느라 애썼구나 싶었다.

이동호 장로님을 천국에 보내며

2018년 2월 26일 이동호 안수집사가 돌아가셨다. 그의 장례식에서 친구 강세흥 장로가 약사를 소개했고 나는 조사를 했다.

내가 이동호 장로를 만났을 때는 수산과 해양에 미래를 꿈꾸며 부산대학 수산 제조학과를 다닐 때였다. 그는 기독교 가정에서 성장하여 36여 년간 교회에 충성하며 선교 사업에 열정을 바쳤다.

중국 단동의 박서록 장로님의 의료선교, 문대연 목사님의 Agape 선교, 나의 Venezuela/Cuba 선교 그리고 중국 신학생 Golden Gate Baptist Seminary 유학 후원과 모교인 수산대학 발전에도 헌신한 훌륭한 분이다.

동호야!

1959년 수산대학 입학동기로 여름 해양 훈련과정 중 1Km 마지막 수중훈련을 잘 마친, 탱크처럼 강인한 체력 보유자 이동호!

해병대 간부후보 하간 32기 선배님께 33기 정경석 후배로 신고 드리고, 선교 동역자 이동호 안수 집사님께 정경석 선교사로 문안드립니다.

인간을 창조하시고 주관하시는 전능하신 하나님 아버지, 당신의 귀한 아들 이동호 안수 집사님을 이 땅에 태어나게 하시고, 당신의 착하고 충성된 종으로 하나님만을 섬기는 일생을 살게 하시고, 하나님의 부르심으로 주님 예비하신 천국나라에 들어가게 하시니 감사드립니다.

콩코드침례교회에서 4주전에 만나 안수 기도를 해드리고, 3주전 첫 예배 9시에 참석하지 않아 만나지 못하고 그냥 쿠바 선교를 떠나야 했지요. 미국으로 돌아와 타코마 선교 축제를 마치고 월요일 샌프란시스코에 도착하는 비행기 안에서 시애틀 연합장로 교회 강세흥 장로님의 '임종 임박'이라는 문자 메시지를 받았어요. 부지런히 집으로 달려갔지만 집사님께서는 월요일 오후 1시 30분 하나님 품에 안기셨습니다.

수대동문 동기 친구 이동호, 해병대 이동호 선배님, 선교사역의 동역자 이동호 안수집사님을 이 세상에서 만날 수 없게 되니 너무 슬프지만, 근심, 걱정, 고통, 슬픔, 어려움 없는 천국으로 가시니 위로가 됩니다.

이동호 집사님과의 지난 59년을 돌아봅니다.

한국의 굶주리고 배고픈 50년대를 지나며 좀 더 잘 살아보자고 택했던 수산대학!

3면이 바다인 한반도 지형으로 장래가 보장되고 학비가 저렴했던 수산대학!

귀족 가정이 아닌 저소득층 가정이 택한 수산대학!

인기도 없고 주목도 받지 못한 수산대학!

그러나 한국의 6-70년대 경제성장의 한 축을 담당해 수산업계 역군을 길러낸 수산대학!

그 대학에서 만난 자랑스러운 수산대학 동료 이동호!

귀신 잡는 해병대에서 단련한 체력과 투지!

앞으로만 전진하는 해병정신!

안되면 될 때까지 버티는 해병 투지!

해병생활은 국가 경제발전에 기여할 뿐 아니라, 가정경제를 일구는 불굴의 투혼을 창조하는 생명의 길이었습니다.

교회 제직으로 책임을 다하고, 사역에 적극적, 역동적으로 참여하며 완전한 임무 수행!

이 모두 봉사를 위한 고된 훈련이지만 사도로서 꼭 필요한 과정이었습니다.

집사님은 '한번 해병은 영원한 해병'이라는 해병정신으로 콩코드침례교회 한 교회만 섬겼습니다.

제가 골든게이트 신학교에서 공부하는 동안 집사님은 베네수엘라 선교를 도우며 격려하였습니다.

2003년 베네수엘라 오지 쿠마나를 단기선교로 방문하시고, 브라실 술 연합교회의 무너진 담과 집터를 보면서 눈물 흘리시며 재건축을 위해 매진하셨습니다. 그 결과 콘크리트 담과 지붕을 덮어 1,000여명이 들어갈 수 있는 예배당으로 변화시켜주셨습니다.

이러한 예수님 제자를 어떻게 복 주시지 않겠습니까?

이동호 집사님 가정은 복의 근원이 되어 온 가족이 축복의 통로가 되었습니다. 창 1:22 말씀처럼 하나님이 복 주셨습니다.

'너희는 먼저 그 나라와 의를 구하라. 그리하면 이 모든 것을 너희에게 더하시리라.' (마태복음 6:33)

아들, 딸, 사위, 며느리, 손녀 손자들의 축복 받은 다복한 가정을 이루시고, 미주 해양선적 주식회사를 통한 복된 사업을 잘 감당하셨습니다.

이동호 집사님은 그렇게 복의 근원과 통로가 되어 선한 청지기로서의 이 세상 삶을 마감 하시니, 하나님께는 영광이요 저희들에게는 그리스도인의 모범이요 예수님의 산 증인이 되셨습니다.

2005년 카리브복음신학원을 설립할 때 강세흥 장로와 함께 적극적으로 도우셨습니다. 또한 제가 퇴직 후 미국 사회보장 혜택을 받도록 카리브복음선교회를 조직하고 이사로 강세흥 장로님과 함께 섬기셨습니다. 그 결과 저는 은퇴자로 오바마 케어 퇴직자 보험에 들 수 있었습니다. 아멘!

매번 제가 선교지에서 올 때마다 이스트 베이에 거주하는 해병기독 동지회원들을 초청하여 점심으로 교제하면서, 저의 선교를 지원하도록 격려하고 지방 인쇄물에 홍보하도록 선처해 주셨습니다.

인간의 가장 위대한 힘은 하나님의 사랑을 전하는 선교에서 나온다는 것을 몸으로 실천하신 친구요, 동료요, 후방선교사이며 선교 동역자이신 이동호 집사님을 천국에 배웅하며 슬픔과 기쁨이 교차합니다.

항상 웃으며 반겨주던 수대 친구요, 해병 선배요, 선교 동역자를 이제는 만날 수 없다는 사실에 슬픔으로 가슴이 아립니다. 그러나 천국에서 하나님과 행복을 누리며 영원히 사신다는 사실을 축복하며 기쁨으로 보내드립니다. .

오늘 이곳에 오신 사업 동료 여러분, 이 세상 산다는 것은 죽음으로 달려가는 일방동행 One way dash 질주입니다. 그 길은 아무도 막을 수 없습니다. 그러나 이 세상이 마지막이 아닙니다. 하늘나라 천국이 있습니다. 예수님 영접하면 영원히 천국에서 삽니다. 함께 천국에 가시지 않겠습니까?

사랑하는 동역자 크리스천 여러분, 이 세상 살면서 예수님 닮으려고 노력합시다. 이동호 집사님처럼 우리도 할 수 있습니다. 주님께서 기뻐하시는 Sanctify(성화된)한 삶으로 살다가 영화로운 Glorify한 삶으로 마감합시다.

오늘 이곳에서 뵈옵는 친구 여러분, 크리스천 형제 성도 여러분, 바쁜 세상에 다시 만나는 기회는 드물겠지요. 이 세상에서 만날 수 없어도 예수님 믿고 천국에서 이동호 집사님과 더불어 영원히 함께 삽시다.

살아계신 아버지 하나님, 은혜로 인도하시는 아들 예수님, 저희들을 감동 감화 하시는 성령 하나님, 감사합니다. 아멘!

2018년 3월 3일 이동호 집사님을 천국으로 배웅하며
선교 동역자 정경석 동문

딸에게 길을 열어주신 하나님

Monagas(모나가)주 Caripe(카리페)에는 TEAM(The Evangelical Alliance Mission)이라고 팀미션이 운영하는 현지인 양성 신학교가 있었다. 거기에는 Christian Missionary Kids' School이라고 팀미션 선교사

아이들을 가르치는 아들

딸의 피아노 반주에 맞춰 찬양하는 아들

가족의 자녀들을 위해 운영하는 초등학교가 있었다. 처음에는 그곳 사정을 몰라 딸이 UDO 초등학교에 다니던 중이었고 그 학교에서는 아이들이 서반아어를 구사하도록 훈련시켜 주었다. 선교사 자녀학교로 전학을 했을 때가 딸이 5학년, 아들이 2학년이었으며, 딸이 초등학교를 졸업하여 Rubio(루비오) Christiansen Academy(CA) 중학교로 가게되고 아들도 이 학교로 전학하였다.

그때 즈음 2차 오일파동으로 베네수엘라의 경제가 휘청거리며 월급이 급격히 감축되었다. 베네수엘라 화폐로 받는 급료는 동일하지만 달러와 교환 환율이 급격한 인플레이션으로 화폐가치가 폭락하였다. 학비가 비싸지 않고 영어와 스페니시로 양질의 기독교 교육을 받게 할 수 있었기 때문에 아이들을 미션스쿨로 보냈다. 초등학교는 Monagas 주에 있는 미션스쿨로 자동차로 3시간 이상 걸리는 거리였어도 주말에는 쿠마나 집으로 올 수 있었다. 하지만 중고등학교 때는 베네수엘라와 콜롬비아 국경 근처인 루비오(Rubio), Christiansen Academy에 있는 학교를 다녔기에, 학기말이나 학년말이 되어야 집에 올 수 있었다.

자동차로 쿠마나에서 대략 24시간정도 거리로 비행기도 쿠마나에서 Caracas(카라카스)까지 그리고 또 카라카스 공항에서 Tachira(타치라) 주 San Antonio(산안토니오) 시까지 가야 하는데 학교 측에서 교통편을 도와주었다. 딸이 대학을 선택해야 할 나이가 되었을 때 딸은 MIT에 가기를 원했다. 실력은 충분했으나 재정이 문제였다. 내 월급으로는 미국 유학을 감당할 수 없어서 나는 딸에게 베네수엘라 대학이나 장학금을 준다는 UT 오스틴 텍사스대학교를 권했다.

1984년 Port Aransas(포트 아란사스)에서 안식년을 보낼 때 고등학생 신분으로 텍사스대학교 전국 화학 컨테스트에서 우승을 하여 $300 장학금을 받았고 우승자는 텍사스대학교에 등록금 면제로 입학이 가능하였다. 그러나 딸은 MIT를 고집했다. 딸은 '하나님께 구한다면 하나님께서 반드시 길을 여실 것이라는 믿음'을 가지고 있었다.

딸 원아 MIT 졸업

1985년 7월 딸 원아가 MIT로 가게 되었을 때, 아직 미성년자였던 아이는 목에 패를 걸고 베네수엘라를 떠났다. 교회 일로 베네수엘라를 떠날 수 없던 우리는 그렇게 떠나는 딸을 보고 마음이 메어졌다. 그러나 닥쳐오는 연구소 일이며 교회 일로 어쩔 수 없는 상태였다.

> "하나님이 모든 것을 지으시되 때를 따라 아름답게 하셨고 또 사람에게 영원을 사모하는 마음을 주셨느니라 그러나 하나님의 하시는 일의 시종을 사람으로 측량할 수 없게 하셨도다." (전도서 3:11)

홀로 MIT에 입학한 딸은 석사과정까지 마쳤지만 교회를 떠날 수 없던 우리는 결국 딸이 졸업할 때까지도 가보지 못했으니 생각하면 할수록 그저 미안할 따름이다.

아들의 길도 열어주신 하나님

아들 석구는 누나가 MIT 유학길에 오르니 자극을 받아 정신이 났던 모양이다. 그동안은 운동을 좋아해 뛰놀며 중학교 시절 성적이 B 정도로 우수한 학생은 아니었다. 하지만 고등학교 1학년 때 갑자기 모두 A를 받자 담임선생님으로부터 통신문이 왔다.

"성적보다 정직한 것이 학교의 방침이고 크리스천 학교의 전통입니다. 속여서 좋은 성적을 내는 것 보다 정직한 크리스천을 양육하는 학교입니다."라며 아들을 의심하는 말을 했다.

그러나 다음 학기에도 아들이 모두 A를 받자 담임은 석구를 Clarkson University 대학에서 제공하는 대학 1년 과정과 고등학교 4학년 과정을 함께 공부하는 Bridging Program에 응시토록 주선했다. 1989년 아들 또한 만 16세에 누나와 마찬가지로 미성년자라는 표시의 패를 목에 걸고 혼자 뉴욕 주 Potsdam으로 미국행 비행기에 올랐다.

거기서 1년을 마쳤으나 고등학교에서 졸업장을 줄 수 없다고 하여 뉴욕 주 교육국 졸업으로 2년 차에 MIT로 전학하였다. 그때 학교 입학처에서 연락이 와서 입학에 지원금을 얼마나 낼 수 있느냐고 물었다.

당시 베네수엘라는 2차 석유파동으로 환율이 곤두박질쳐서 해양연구소 대학에서의 수입이 연 $12,000 정도이다 보니 극빈자 중 극빈자로, 아들은 풀스칼라쉽으로 입학하게 되었다. 대학을 3년 만에 마친 아들은 4년 만에 석사과정까지 마쳤다.

나이가 만 21살이라 대학원에서 박사과정을 권유했지만 아들은 교수는 싫다고 했다. 인턴회사에서 취업을 종용했으나 선배가 창업한 회사 Sapient(세이피엔트)에 좀 적은 봉급으로 입사하고 대신 주식을 5천주 받고 입사했다. 아들은 그 후 창업을 두 번 하며 10년 넘게 그 회사에서 일하였다. 본사가 뉴욕과 보스턴에 있었는데 서부 캘리포니아로 확장하면서 샌프란시스코로 출장을 오가더니 결국 캘리포니아 지사로 자리를 옮겼다. 우리가 골든게이트 신학교에 있을 때였다. 1994년부터 1995년까지 안식년이 되어 1994년 6월 아들 MIT 졸업식에 참석할 수 있었다. 조카인 정현구 강도사 예일대 학생 부부도 참석하였다.

한국 사위, 한국 며느리는 어디에?

딸 아들이 장성하여 결혼 적령기인데 소식이 없었다.

2001년 62세의 나이로 골든게이트 신학교에 목회학 석사과정에 입학하니 신학교에 남녀 학생들이 꽤 있었다.

내 생각에 우리 딸 원아는 사모감이다. 어릴 적부터 선교사 자녀학교에서 국민학교 2년, 카리페신학교 기숙사, 중고등학교 6년은 루비오 CA 크리스천 신학교 기숙사 등 8년을 신학교 기숙사 생활을 했다. 비록 언어, 풍습, 자태, 생활습관 등등 완전히 미국사람이지만, 어쩐 일인지 나는 딸이 꼭 한국 남자 특히 목사와 결혼하리라고 굳게 믿었다. 그러나 그것은 큰 오산이었다.

조카 정현구가 예일대 대학원 목회학 석사과정으로 유학을 왔다.

한국에서 부산대 경영학과와 고신대 대학원을 졸업하고 중국에 2년간 선교사로 봉사한 후였다. 딸이 MIT 졸업 후 델라웨어 주 아메리칸 은행에 전산실장으로 근무하고 있어 남편감을 물색하여 주선하도록 청하였다. 예일대 신학교 감리교 학생인데 1.5세라 딸에게 적격이라며 조카가 소개를 했다. 둘이 어렵게 만났는데 조카 왈 "원아는 목사와는 결혼 안 해."라고 했단다.

그러자 그 한국 신학생은 Temple 의대에서 수련 중인 한인 친구 의사를 만나도록 주선하였다. 점심때 한 시간만 만나기로 하고 만났다는데, 점심 식사 후 커피도 마시고 또 영화관이라도 가자고 했단다. 딸은 결혼

결혼 전날 파티에서 딸 원다와 사위 Doug(덕)   딸의 결혼식장에서 댄스하는 딸과 필자

하기 전이라 딸은 양보는 전혀 없고 식사 때 소리 내어 먹는 야만인(?)과는 함께 할 수 없다고 했다. 그러니 가부장적 유교식 교육으로 전수된 매너를 잘 배우지 못한 한국 사위 보기는 더욱 힘들구나 싶었다. 아들 석구가 엄마에게 누나가 결혼하면 누구와 사느냐고 묻는다.

"그야 자기 남편과 살지." 그랬더니 아들이 "그러면 같이 살 사람을 남편으로 찾아야지 왜 엄마 아빠가 야단이냐."고 했다.

다행히 딸은 꽉 찬 30살에 스탠포드 MBA 프로그램으로 미국 동부에서 서부 스탠포드 의과대학 인턴으로 온 남자와 결혼하게 되었다. 플로리다 템파 출신으로 다트마우스대, 뉴욕의대 출신이다.

신세대는 결혼식도 유별나다. 우리는 교회에서 결혼식을 올리고 아는 사람을 모두 초청하여 점심파티를 하는 줄 알았는데 그게 아니다.

결혼 전날은 신랑이 정한 장소에서 저녁 파티로 양가 일정한 사람들만 초청했다. 메뉴도 랍스터, 스테이크, 닭고기 중 하나로 미리 정하라고 했다.

우리는 미국에 일가친척이 없으니, 손님이라고는 수산대 동문 강세흥 장로와 이동호 장로, 최휘웅 장로 그리고 신학교 학생들이 전부였다. 그러나 그 중에서도 몇 명만 고르란다. 이태리 식당을 보유한 호텔에서 했는데 전체 참석자 수가 신랑신부 친구 합해 40명이 전부란다.

사회를 보던 아들이 우스갯소리를 했다.

"우리 누나 원아는 참 어렵게 결혼하게 되었다. 한국말은 조금밖에 못하는데 어찌 한평생을 살라고 아빠 엄마가 결혼은 한국 남자와 하도록 강요했다. 그러다 보니 누나가 노처녀가 되었다. 그러자 엄마 아빠는 초조한 기색이 역력하더니 이젠 흑인이건 백인이건 한국 사람이건 미국 사람이건 아무라도 좋다고 하고 있을 때, 신랑 Doug(덕)을 만났다. 그런데 그가 의사라니 더욱 만족한 것 같다."

식장에 모인 사람들이 모두 웃으며 박수를 쳤다.

다음날 결혼식이 MARINE SQUARE에 위치한 유서 깊은 장로교회에서 있었다. 온 가족이 함께 입장하고 결혼집례는 아브라함이 아들을 축복하는 것처럼 목사 아빠인 내가 하였다. 전통적인 사회도 없이 간헐적으로 웃으며 즐겁게 진행되었다.

내가 할 일은 이미 정해져있고 여러 번 예행연습도 했다.

"우리 창조주 하나님, 오늘 모인 모든 식구들, 특히 새로이 탄생하는 가족, 원아와 덕 가정에 성부 하나님의 무궁한 사랑과, 성자 하나님 예수그리스도의 은혜와 성령 하나님의 크신 축복과 인도하심이 영원하도록 소원하며 축복하노라. 아멘!"

사돈네는 아버지가 이태리계로 가톨릭이고 엄마는 웨일즈계로 장로교다. 사돈댁은 투자전문회사에서 은퇴 준비 중이고 사돈 마님은 홈디포에서 일하는 대표적 중류가정이다. 클로락스에서 일하던 딸은 전문의로 수료 생활하는 남편 뒷바라지할 준비가 되어있었다. 그 후 덕이 휴스턴 어린이 베일러 의대 전문의 과정에 다니자 고생이 이만 저만이 아니었다.

의사는 준비기간이 길어 좋은 상대는 아니지단 그래도 우리가 신학교에 있는 동안 결혼하니 천만다행이었다.

　우리 부부는 한국 며느리 보기를 바라는 기도를 계속하며 주위에 좋은 신붓감이 있는지 알아보았다. 내가 다니는 신학교에는 여학생들이 많았다. 한국서 온 박학아 권사님이 늦게 입학하여 교육과를 다니고 있었는데, 아들이 중국여자와 다닌다니 펄쩍 뛰면서 중국사위는 괜찮지만 중국 여자들은 가사를 잘 돕지 않는다면서 절대 안 된다고 하셨다.

　아들을 한 한국 여학생과 중국식당에서 우연히 만나는 것처럼 연극을 꾸며 만나게 하였지만 의사소통이 되지 않는다며 아들이 퇴짜를 놓았다. 아들이 얼굴만 한국인이지 속은 미국인 같으니 소통이 잘 안 되었던 것 같다.

　며느리 제니는 대만 출신으로 중고등학교를 싱가포르에서 다녔고 캐나다로 이민 가서 밴쿠버 브리티쉬 콜롬비아대학을 졸업했다. 당시 며느리 된 아이는 샌프란시스코로 MBA 유학을 와서 남동생과 자취를 하고 있었는데, 아들과 말이 통하고 같은 아시아계여자인지 친해져서 결국 둘은 결혼하였다.

아들 결혼식을 축복하는 필자

샌프란시스코 Marine Sqare의 유서 깊은 장로교회에서의 결혼식

아들 내외는 손자 세 명을 기르느라 고생이 말이 아니다. 중국가정에서는 목욕, 식사, 잠자리 준비 등, 심지어 저녁까지 지으며 남편이 아이들도 기른다. 얼마 후 아들이 구글에 입사하고 싱가포르로 이사하게 되어 그동안 아들이 맡았던 카리브복음선교회 재무를 딸에게 맡기게 되었다.

딸이 일을 맡은 후 강세흥 장로가 헌금한 수표를 찾지 못 해 무효화시킨 적도 있다. 그 후 잃어버린 $10,000 수표와 여러 교회에서 헌금한 $100과 $200 수표가 8장이나 나왔다. 아이 셋을 기르는 것은 정말 힘든 일임에 틀림없어서 아들은 일이 너무 바쁘고 힘들어 이것저것 챙길 시간이 없었다.

그러나 며느리 제니는 재물에 대한 개념이 출중하여 복덕방 일을 잘한다. 캘리포니아에는 중국 사람이 많이 사니 자연스럽게 일거리도 있지만 집을 보는 안목도 있다. 판매도 하지만 집을 사서 리모델링하여 판매하면 수입이 배로 좋다.

학생 기숙사 수요가 많은 버클리 대학 근처 집들을 사들여 재산을 늘리는 기술이 특출하다. 덕분에 우리가 오클랜드 차이나타운 근처에서 몇 년을 지내도록 주선하기도 했다. 둘 모두 결혼해서 잘 사는 것을 보니, 이제 한국 사위 한국 며느리는 어디에 있나 곤두세우던 촉은 모두 기우였음을 깨닫는다.

부모 임종을 못 지킨 불효

1989년 나의 영적 어머니이고 양 어머니인 바이올라 여사가 돌아가셨다는 전보가 왔다. 아들 석구와 딸은 대학에 재학 중이었다. 그 분은 따뜻한 물만 드시고 건강관리도 잘 하셨는데 어쩐 일인고. 알아보니 주유소에서 셀프로 휘발유를 넣다 바닥에 떨어진 기름에 미끄러져 엉덩이뼈를 다쳤단다. 1980년대 오래된 자동차에서는 엔진오일이 많이 샜었다.

풀서비스로 기름을 넣으면 되는데도 어머님은 그렇게 아낀 돈을 월남이나 캄보디아 등 보트 피플(Boat People)을 수용한 교회들에 보냈다.

노인들이 엉덩이뼈를 다치면 5-6개월 안에 돌아가신다는 말은 사실이었다. 학업 중 장례식에 온 아들과 딸은 관에 안치된 할머니를 보지 않으려고 했다.

'멀리 사는 친척보다 이웃사촌'이라는 말이 있다.

외손주들을 너무나 좋아하셨던 자상하신 장모님께서 돌아가신 때는, 내가 캐나다에서 안식년을 마치던 1995년으로 나는 베네수엘라로 가기 위해 자동차로 마이애미로 이동 중이라 찾아뵙지 못 했다.

나의 어머님 이상녀 권사님은 큰 형님 댁 아래 칸에 사셨는데, 동생 석희 목사가 서울 경기에서 불우아동 사역하는 곳(로뎀나무 선교센터)으로 모셔가서 너무도 좋아하셨다고 한다. 2-3년을 행복하게 사셨다니 생각할수록 동생이 참으로 고맙다.

어머님을 부산 성지 실로암에 모셨을 때도 나는 참석 못하고 뒤에야 소식을 접하니 그 불효가 막심하구나. 베네수엘라에서 선교 사역 한답시고 바쁜 와중에 아버님이 돌아가셨다. 당시 국제전화도 잘 되지 않아 한참 뒤에야 소식을 받았다. 성지교회 동산에 모셨으니 걱정하지 말고 선교에 열중하라는 가족들의 위로가 있었다.

우리 가정은 진양 정씨 충장군파라고 한다. 요즈음 족보며 납골당을 만들려고 하지만 진행이 어렵단다. 그 일에 92세인 큰형님 동석은 관심이 없고 대전 근처에 사는 큰 손주 한구도 소식이 뜸하단다. 작은 형 정석(작고)의 아들로 대한예수교장로회 고신의 서울 강남 영동교회의 현구 목사도 낮은 마음으로 사회의 어려운 처지의 사람들을 섬기느라 바쁘다 보니 신경 쓰지 못한다.

전기설비회사에서 활동 중인 셋째 동생 영석이 족보를 중요시 여기고 납골당으로 어머님 묘를 확장하려고 노력 중이다. 아들 철민이가 전기공학사로 성공하여 경성대 교수로 있다.

다행히 바이올라 어머니의 장례식에는 참석했지만 친부모님 임종을 지키지 못 한 불효가 생각날 때마다 죄송하고 마음이 아파온다.

친구가 좋다

송청길 해병대간부후보(해간) 33기 동기생에게서 2021년 3월 3일 선교 헌금 $300이 도착하였다. 너무나 고마워 가슴이 뜨겁다. 지난해에도 해간 33기 철맥회 회장 정달옥 동문을 통해 $200을 받고 카톡 방에도 초대되었다.

오늘 3월 4일 송청길이 우편으로 보내준 정기인 동기생이 쓴 『기』라는 책이 도착하였다. 나는 기를 몰랐었다. 그런데 Chinatown에서 다이찌(기) 기공 24를 경험하고 있다. 25분 정도 걸어가서 다이찌 1단계부터 4단계까지 1시간 반 총 2시간 정도 걸리는 운동 후 걸어오는 발걸음이 가벼우면서 온 몸이 나른하다.

해병대의 의리

'철맥회서 알립니다. 전도봉 전 사령관의 글입니다.'라는 카톡이 왔다. 해병대는 정규군이라는 제목이었다. 해병대는 특수군이나 특수부대가 아니고 일반적인 정규군인 동시에 특수목적군입니다.

우리가 몸담았던 해병대는 육군의 특전사나 해군의 UDT·SEAL, 조종사를 구출하는 공군의 특수임무부대(SART)와 같은 특수부대와는 전혀 다릅니다. 즉, 해병대는 편성·장비·교육훈련 자체가 완전히 다른 정규군이며, 특전사와 같은 특수부대는 비정규전 부대들입니다. 부대(部隊)와 군(軍)은 완전히 다른 개념입니다.

해병대는 분대, 소대, 중대, 대대, 여단, 사단 등으로 편성되어 적의 영토를 침범·확보하기도 하고, 확보된 영토를 적에게 빼앗기지 않도록 방어할 수 있는 능력을 가진 군대이며, 지상전을 하는 육군과 다르게 상륙작전을 주 임무로 하는 정규군이며 특수 목적군입니다.

우리 선배들이 6.25전쟁과 월남전에서 특별하게 잘 싸웠음은 우리나라는 물론 전 세계가 다 잘 알고 있습니다. 하지만 특별하게 잘 싸웠다고 해서 우리가 몸담았던 해병대가 특수부대나 특수군이 아닙니다.

논리적으로 맞지 않습니다. 육, 해, 공군 각 군에서도 각기 자기 군을 지원하는 위와 같은 독자적인 특수부대를 모두 가지고 있습니다. 만약 정치권에서 말하는 이런 특수부대와 해병대를 합쳐 특수군을 만든다면 이는 이치에 전혀 맞지 않습니다. 각 군 특수부대를 특수군에 주고나면 각기 자기 군에 필요한 특수부대들을 또다시 만들어야 하는 우를 범하게 되기 때문입니다.

그럼에도 일부 해병대 전우 여러분은 마치 해병대가 특수군이 되어야 한다고 착각하는가 하면 특수부대나 특수군 출신인 양 온갖 휘장으로 요란하게 무장해 허세를 부리고 다닙니다. 우리 해병대는 빨간 명찰, 팔각모, 해병대라는 세 글자와 그 모습 자체만으로도 이미 선배들이 쌓아 올린 찬란한 역사와 전통을 이어가는 정예 전사들임을 잊지 말아야 합니다. 해병대라는 그 이름 석 자만으로 충분합니다.

그럼에도 일부 해병대 예비역들은 온통 허세를 부리고 다닙니다. 예부터 온 마을을 '짖고 다니는 개보다 짖지 않는 개가 더 무섭다'고 했습니다. '양반이 상놈과 비교하거나 싸우면 상놈이 된다.'는 옛말의 의미도 되새겨 봤으면 합니다.

이제 우리 100만 해병대 가족들은 겉으로 드러나는 허세가 아니라 해병대라는 이름 아래 상하 일치단결, 현역과 함께 하나가 되어 조국과 민족을 지켜가는 진정한 해병대의 일원이 되어야 함을 다시 한 번 상기하기 위해 글을 올립니다.

나는 요즘 해병대간부후보 33기 동기생인 철맥회 회원 40여명과 카톡으로 소통하고 있다. 그러다보면 한국과의 시차로 새벽잠을 설치기도 한다.

수북이 자란 잔디를 바라보며

Roseville의 집으로 이사하고 보니 앞 뒤뜰 잔디밭 손질이 큰일이라 손자 니코에게 그 일을 맡겼다.

목요일 아침 일찍 쓰레기 수거 차량이 오니 통상 수요일 오전에는 니코가 일을 끝냈었다. 하지만 오늘이 수요일인데 손자가 오지 않았다. 아내에게 물으니 이제 오지 않을 거란다. 왜냐고 물으니 사위가 못하게 한단다.

또 물으니 아이들이 잔디를 깎다가 다치거나 풀 속에서 뱀이나 독충이 나오면 위험하다고. 요즘 부모들은 너무 아이들을 보호하나보다.

아~ 세상 많이 달라졌구나!

내 꼰대의 생각으로는 유년기나 청소년기에는 일이나 운동을 많이 하도록 하고 노동의 중요성도 일깨워줘야 한다. 또한 일한 만큼의 대가를 받아 돈의 중요성도 스스로 알게 해야 한다.

인근의 다른 아이는 $50에 뒤뜰까지 깎아주지만, 나는 손주들에게 앞뜰만 깎도록 하고 30분 내지 50분 정도 깎으면 $50-$60을 주었고 딸은 너무 많이 준다고 했다.

텍사스 A&M 대학시절 주말이면 나는 영적 어머니 바이올라 켈리(Viola Kelly)의 집에 가곤 했다. 금요일 오후 College Station에서 출발하여 2시간을 가면 어머니가 계시는 휴스턴에 도착했고, 토요일 아침 넓은 뒤뜰 잔디밭 2에이커의 잔디를 다 깎고 나면 온 몸이 땀범벅이 됐다.

그리고 샤워를 하고나면 기분이 너무 좋았고 돌아오기 전에는 집을 깨끗이 청소했다.

주일 예배를 보고 점심식사 후 집 청소를 하고 오후 4-5시가 되면 서둘러 칼리지스테이션으로 가서 집으로 돌아오던 오후 7시경이 됐다.

그 일은 해안에서 어패류를 잡고 실험실에서 일하던 육체적 활동이 끝난 후, 한 주간 책상에서 데이터 분석과 컴퓨터실을 오가는 외에는 운동하지 않는 몸을 유연하게 하는 뜻있는 주말이었다.

바이올라 어머님은 아이가 없어 우리를 친자식처럼 생각했고 아이들도 어머니를 만나러 휴스턴 가기를 고대하곤 했다. 내가 베네수엘라로 가려고 하자 가지 말고 미국에서 함께 살자고 만류하셨다.

수북하게 자란 잔디를 바라보고 있자니 옛날 생각이 절로 난다.

나의 하루

'번갯불에 콩 볶아 먹는다.' '벼락에 콩 구어 먹는다.'는 속담이 있다.

요즈음 나의 하루가 그렇다. 오전에 한 시간 10분 타이찌 운동을 하고 아침을 먹은 후 걷고, 30분 거리에 있는 맥도날드에서 Senior Coffee를 한 잔하고 쿠바 선교지에 갈 때 쓸 만한 물건이 있는지 근처 Hospice 매장을 둘러본다.

그 다음으로 Falling Prices 매장으로 간다. 새 물건이지만 아마존에서 반품되거나 재고가 된 신발, 의류, 약품, 장난감, 화장품 등 천태만상의 상품들을 보러간다. 화요일엔 $6, 수요일엔 $4, 목요일엔 $2, 금요일엔 $1에 파는 물건을 고르다보면 점심시간이다. 서둘러 집으로 걸어와 보온병에 담아 온 Mc Coffee를 아내와 나누어 마신다.

아내가 인터넷 건강식품 강좌에서 배운 맛있는 점심을 만들어 주면 점심 후 낮잠을 잔다. 베네수엘라 살며 익힌 습관이 50년 넘게 이어지고 있다. 낮잠 후 3시 반에서 4시경에 일어나 오후에 2시간 정도 '과거 인생사' 정리를 하다보면 저녁식사 시간이다. 오후 6시경에 저녁을 먹고 30-40분 산책을 하면 졸음이 오고 가능하면 9시 전후에 잠자리에 들려고 한다.

노인들 문제지만 2-3시간마다 화장실을 가기 위해 잠이 깬다. 따뜻한 물을 마셔보지만 가끔은 금방 잠이 오지 않아 늦게 잠들다 보니 늦잠을 자기도 한다.

지난 일을 회상해 보면 10대에는 시간이 너무 지루하였으나 지금은 시간이 너무 빨리 간다.

코로나 19의 후폭풍

East Bay에 머물던 나는 Berkely 건강센터로 가서 내 평생 처음으로 대장청소(Colon Cleaning Hydro-Therapy)를 했다. 좀 역겨운 과정이 한 시간 정도 걸렸으나 잘 마쳤다.

우리는 콘도 생활에 익숙하고 선교여행이 편리해 40여 년간 베네수엘라에서의 사역을 안전하게 해왔다.

미국에 와보니 캘리포니아 Bay 지역엔 아시안 혐오범죄가 증가하고 있다. 한번 공격을 당하면 힘없는 노인은 넉 아웃이 되고 회복에 최소 2-3주 시간이 걸린다고 한다. 그 일로 딸이 마련한 집으로 이사준비를 하며, 단독주택이라 관리가 걱정이지만 취미와 건강에 좋은 점만을 생각하기로 했다. 캐나다, 쿠바, 베네수엘라에 갈 수 있는 준비로 한 달 전에 모더나 2차 접종도 마쳤다. 쿠바에 갈 때 캐나다에서 입국하니 편리하고 대우가 다르다.

아침마다 기(Taichi Xi Gong) 운동을 하며, 90 고개도 잘 넘기도록 성전인 나의 신체 조건이 최선이 되도록 늘 준비한다. 2023년 11월 28일부터 12월 5일까지 쿠바 동부지역을 방문했다. 시카고 제일장로교회 서삼

선 목사님이 함께하셨다.

동부지역 한인후손들 마을인 마르카네, 홀긴, 마나티 입항기념비, 마나티, 카마구이, 시에고데아빌라 등 다섯 가정교회를 방문하고 마나티에서는 2명, 시에고데아빌라 가정교회에서는 5명에게 침례를 베풀었다.

2024년도 바쁘다. 2024년도에도 변함없이 쿠바 전역을 돌아보며 한인 후손들을 격려하려 한다. 아바나까지 갈 예정으로 은혜와 평강교회가 주축으로 최고 8명 정도로 선교팀을 구성하려 한다. 나의 회고록이 그 전에 완성되도록 기도하고 있다. 5월 20일부터 28일 사이에는 시애틀 샛별 연예단 최지희 사모, 국창령 목사님이 쿠바 한인 후손들이 사는 전지역 8 마을 순회사역을 하려고 계획 중이다. 토론토 큰별교회 박병철 집사님과 은혜와 평강교회 장동철 목사님이 동행하도록 기도한다.

6월 10일부터 13일까지 인디아나폴리스에서 열리는 43차 한인침례총회에 참가할 예정이다. 7월 8일부터 11일까지 세계한인선교대회가 나성 사랑의교회에서 열릴 것이다. 지구촌교회가 MET 2024 선교지 방문 프로그램으로 7월 30일-8월 6일 사이에 바라데로 방문계획이라 쿠바 서부지역 한인 후손들(아바나, 마탄사스, 엘볼로 기념탑, 카르데나스)을 돌볼 수 있도록 기도하고 있다.

딸의 소원

딸의 간청으로 이사를 했다. 북가주 Oaklanc에서 살다 딸이 살고 있는 새크라멘토 북쪽 신도시 Granite Bay 근처인 시골 Roseville로 가게 되었다. 딸은 두 가지 이유로 우리가 이사를 해야 한다고 주장했다.

첫째는 최근 미주에서 증가하고 있는 아시안 증오범죄 때문이라고 했다. 주 타깃이 여성들과 노약자인 것을 염려한 딸이 자신이 살고 있는 근처에 거처를 마련한 것이다. 하루는 오클랜드 공원에서 '다이찌 운동'을 하고 돌아오는 중에 차이나타운 사거리에서 누군가 갑작스레 나를 공격해 나는 길거리에 맥없이 나동그라졌다. 방어하고 말 시간조차 없이 눈 깜짝할 사이에 일어난 일로 나는 그 후유증으로 1주일 간 고통스러운 시간을 보냈다.

둘째 이유는 그때 당시 우리 근처에 살던 아들네가 그 다음 달이면 대만으로 이사를 가기 때문이었다. 며느리 부모가 대만 이민자로 아들 가정이 몇 년간 대만에서 지내기로 결정해 딸이 더욱 우리를 자신의 집 근처로 오도록 한 것이다.

얼마 전 딸집에 방문했을 때 딸이 아내에게 이렇게 말했다고 한다.

"아버지는 선교사로서는 백점일지 모르지만 아빠로서는 빵점이었어요. 아빠 엄마는 선교밖에 모르는 사람이었기에 함께 시간을 가져본 기억이 없어요. 그러니 제 소원은 두 분이 돌아가시기 전에 곁에서 함께 사는 거예요."

아내로부터 그 말을 들은 나는 마음이 먹먹하고 심장이 찡했다.

그도 그럴 것이 딸은 8살 때부터 베네수엘라 동부지역 선교사 기숙학교 모나가 주 카리페 동산(Caripe, Estado Monagas)에 다니다가, 주말이 되어야 집에 오곤 했다. 중고등학교는 집에서 좀 더 멀리 떨어진 콜롬비아 근처 서부지역 선교사 학교 타치라 주 루비오(Rubio Estado Tachira)로 가야 했다.

팀미션(TEAM The Evangelical Alliance Mission)은 선교사들 자녀 교육을 위하여 미션스쿨을 운영하였다.

그때는 그나마 일주일에 한번 오던 집을 방학이 되어서야 오게 된 것이다. 대학은 미국 MIT로 갔는데 미국으로 떠나는 날, 우리 부부는 미성년자인 딸의 목에 인적사항을 기록한 카드를 걸어준 채 홀로 미국행 비행기를 타게 했다. 그렇게 혼자 대학에 입학한 딸은 석사를 마칠 때까지 6

년간 홀로 미국 생활을 했는데 우리 부부는 그 기간 동안 한 번도 딸을 찾아가 보지 못했다.

아들 석구도 딸과 똑같은 길을 걸었다.

그래도 다행인 것은, 우리 부부가 아들 석구의 대학 졸업식에는 참석할 수 있었다. 마침 안식년이라 시애틀과 밴쿠버를 방문할 기회가 생겨 그곳을 경유해 아들 졸업식에 갔던 것이다. 아들 졸업식에서 딸이 우리에게 말했다.

"아들이 졸업한다니 오시는구나!"

그런 게 아니었는데. 딸 생각은 우리가 한국 관습대로 딸과 아들을 차별한다고 여겼던 것 같다. 딸의 그 말 한마디가 아직도 내 가슴에 아프게 남아 있다.

딸의 소원이 부모님 가까이 사는 것이라는 말을 들었을 때 그래서 더 마음이 아팠다. 그리고 아이들과 함께 하지 못했던 지난 시간들을 생각하며 혼자 울었다.

그때의 내 삶이 내거는 최선의 믿음이었고, 네게 주어진 사명을 위해 달려가면 하나님께서 자녀들을 책임져 주실 것이라는 확고한 믿음이 있었다. 그리고 정말 하나님께서는 두 자녀를 우리가 신경 쓰며 키운 것보다 훨씬 더 잘 키워주셨다. 그러나 아버지로서 무심했던 부분을 생각해보면 마음이 더 아프다.

선교지에서 총상으로 쓰러졌을 때 아들과 딸이 강경하게 말했다.

"That's enough. You did your parts. Now enjoy your lives."(이제 충분해요. 아빠 엄마는 선교사 역할을 다 했어요. 이제 평안히 삶을 누리세요.)"

그 사건이 일어났을 때는 내가 교수직에서 은퇴해서 장성한 아들과 딸의 후원으로 사역을 감당하고 있을 때였는데, 그 이후 아들과 딸은 바로 후원을 끊었다. 자신들이 아빠를 후원하고 있기 때문에 아직도 아빠가 선교를 하는 것이라고 생각했고, 후원을 멈추면 아빠가 선교 사역도 멈출 것으로 여겼다. 평생 자비량으로 선교해온 아빠가 이제는 편히 쉬기를 바란 것이다. 그렇다고 나는 선교 사역을 멈출 수 없었다. 하나님께서 내 앞에 두신 일이고 내게 선교에 대한 열정을 계속 부어주시기 때문이다.

세상의 언어로 말하자면 운명이고, 우리 믿음의 언어로 하자면 사명으로 나는 목숨이 있는 한 이 일을 계속 할 것이고 하나님께서는 나를 그렇게 빚으셨다.

지금은 100세 시대다. 그렇다면 80대인 나는 열매를 거두는 장년기가 아닐까?

베네수엘라에도 쿠바에도 여전히 할 일들이 산처럼 쌓여있다. 복음을 들어야 하는 사람들이 눈앞에 보이는데 어찌 이 일을 놓을 수 있단 말인가?

주님께서 내가 일할 수 없는 그날까지 지켜주시며 나를 통해 여전히 일 하실 것을 믿는다. 아멘!

나의 가족

딸 원아와 카이저 퍼마넌트 병원 의사 사위 덕은 우리가 사는 로즈빌 집에서 자동차로 15-20분 거리에 살고 있어서 자주 만난다. 동부 교육 도시 보스톤에 위치한 웨스트이스턴의 전자공학과에 입학한 큰 외손주 루카는 삼촌 석구가 롤 모델이다. 드라마에 열중하고 있는 둘째 외손주 니코는 내년에 대학을 가는데 캘리포니아 버클리 주립대를 선호하고 있다.

아들 석구와 며느리 제니 내외는 최근 타이완 구글에서 시애틀로 옮겨 집을 장만하고 정리하느라 바쁘다. 늦기 전에 손주들을 보려고 올 2023년 크리스마스를 지난 후 시애틀 근교 우드인빌(Woodinville)에 들렀다.

니코와 동갑인 큰 손주 리보/맥스는 더욱 어른스러워졌구나. 둘째 지용/벤자민은 간암으로 고생하다가 최근 일본 가정주치의를 만나 수혈과 동양 한방 치료로 활기를 되찾고 있다. 그동안 너무 고통스러운 순간들을 보냈는데 이 모두 하나님의 은혜로다. 세째 손주 용원/와렌은 애교가 여전하다. 어릴적에 Autism 자폐증으로 어눌하던 성격이 변해 귀염둥이가 되었다. 이 모두 하나님 은혜로다.

베네수엘라 연말 특식 Hallaca(아야카)와 하몬데 빵을 즐기는 손주들과 딸 사위

방학을 맞아 보스톤에서 온 루카

우드인빌 연말 파티에 모인 다섯 손주들 빵 모자 쓴 지용(벤), 특수치료 차 일본에 다녀 온 후 회복 중이라 온 가족이 안심

온 가족이 함께 한 2023년 연말 파티. 사위 덕은 병원당직.

가족 사진

카리브복음선교회(Caribbean Evangelical Missions)
지원이나 선교 문의, 복제 등에 대해 문의할 곳:

| 이메일: kyungsukchung@gmail.com
| 전화: 1-415-712-6023

나는 알지 못했다
베네수엘라와 쿠바로 이끄신 하나님의 섭리

발 행 일	2024년 5월 16일
초판 1쇄	2024년 5월 16일

지 은 이	정경석
발 행 인	김영란
발 행 처	북산책

주　　소	경기도 파주시 문발로 405 1층
한　　국	+82-10-4823-2320
미　　국	1-408-515-5628
이 메 일	4mybook@gmail.com

※ 이 책은 저작권법에 따라 보호를 받는 저작물이므로 무단 전재와 복제는 금합니다.